高等院校公共艺术课程系列教材

Marxist Theory of Literature and Art

马克思主义文艺观通论

毛晓帅 彭文雅 编著

清华大学出版社
北京

本书封面贴有清华大学出版社防伪标签，无标签者不得销售。

版权所有，侵权必究。举报：010-62782989，beiqinquan@tup.tsinghua.edu.cn。

图书在版编目（CIP）数据

马克思主义文艺观通论 / 毛晓帅, 彭文雅编著.
北京：清华大学出版社, 2024.9. -- (高等院校公共艺术课程系列教材). -- ISBN 978-7-302-67243-2

Ⅰ. A811.691

中国国家版本馆CIP数据核字第2024R88D63号

责任编辑：宋丹青
封面设计：傅瑞学
责任校对：王荣静
责任印制：沈　露

出版发行：清华大学出版社
网　　址：https://www.tup.com.cn，https://www.wqxuetang.com
地　　址：北京清华大学学研大厦A座　　邮　编：100084
社 总 机：010-83470000　　邮　购：010-62786544
投稿与读者服务：010-62776969，c-service@tup.tsinghua.edu.cn
质量反馈：010-62772015，zhiliang@tup.tsinghua.edu.cn

印 装 者：三河市人民印务有限公司
经　　销：全国新华书店
开　　本：210mm×285mm　　印　张：8.25　　字　数：191千字
版　　次：2024年11月第1版　　印　次：2024年11月第1次印刷
定　　价：45.00元

产品编号：105576-01

总 序

美育是我国教育方针的重要组成部分。美育，就是审美的教育，是提高学生美的感受、美的体验、美的鉴赏、美的创造等各方面综合素养的教育。大学美育的主途径是课堂教育，以课堂上的艺术教育为主体。在高校开设公共艺术教育通识课程是推进美育工作的重要路径。

我国一直十分重视高校公共艺术教育工作。2002年7月25日，教育部发布《学校艺术教育工作规程》，涉及学校艺术课程，课外、校外艺术教育活动，学校艺术教育的保障，奖励与处罚等内容。2006年，教育部办公厅印发《全国普通高等学校公共艺术课程指导方案》，该方案明确指出，"公共艺术课程是为培养社会主义现代化建设所需要的高素质人才而设立的限定性选修课程，对于提高审美素养，培养创新精神和实践能力，塑造健全人格具有不可替代的作用"。2014年，《教育部关于推进学校艺术教育发展的若干意见》指出，"普通高校按照《全国普通高等学校公共艺术课程指导方案》要求，面向全体学生开设公共艺术课程，并纳入学分管理。有条件的学校要开设丰富的艺术选修课供学生选择性学习。鼓励各级各类学校开发具有民族、地域特色的地方艺术课程"。2020年10月，中共中央办公厅、国务院办公厅印发《关于全面加强和改进新时代学校美育工作的意见》，其中明确提出："坚持面向全体。健全面向人人的学校美育育人机制，缩小城乡差距和校际差距，让所有在校学生都享有接受美育的机会，整体推进各级各类学校美育发展，加强分类指导，鼓励特色发展，形成'一校一品''一校多品'的学校美育发展新局面。"这些方案、意见的出台为开展高校公共艺术教育提供了基础。

习近平总书记高度重视美育工作。2018年8月30日，在给中央美术学院老教授的回信中，习近平总书记提出："美术教育是美育的重要组成部分，对塑造美好心灵具有重要作用。你们提出加强美育工作，很有必要。做好美育工作，要坚持立德树人，扎根时代生活，遵循美育特点，弘扬中华美学精神，让祖国青年一代身心都健康成长。"2018年9月10日，习近平总书记在全国教育大会上指出："要全面加强和改进学校美育，坚持以美育人、以文化人，提高学生审美和人文素养。"2020年10月23日，习近平总书记在回信中勉励中国戏曲学院师生："全面贯彻党的教育方针，落实立德树人根本任务，引导广大师生坚定文化自信，弘扬优良传统，坚持守正创新,在教学相长中探寻艺术真谛,在服务人民中砥砺从艺初心,为传承中华优秀传统文化、建设社会主义文化强国作出新的更大的贡献。"2021年4月19日,习近平总书记在考察清华大学美术学院时指出:"美术、艺术、科学、技术相辅相成、相互促进、相得益彰。要发挥美术在服务经济社会发展中的重要作用,把更多美术元素、艺术元素应用到城乡规划建设中,增强城乡审美韵味、文化品位,把美术成果更好地服务于人民群众的高品质生活需求。要增强文化自信,以美为媒,加强国际文化交流。"习近平总书记关于美育的系列重要讲话,为开展大学美育指明了方向。

当前,我国的经济、文化、社会、教育等方面都在发生深刻的变化。在技术革命的推动下,人工智能、数字媒体技术等全面影响着我们的日常生活。新时代成长起来的大学生和以前有了很大不同。本教材面对的对象,是艺术类院校的本科大学生,尤其是出生在2000年之后的新生代大学生。当代大学生更为注重自我感受,性格更加独立、注重体验、个性鲜明、自尊心强烈,愿意追求和尝试各种新生事物,是未来中国新经济、新消费、新文化的主导力量。针对时代特征,通过开展公共艺术通识教育,提升当代大学生的美学素养,能够帮助他们更好地塑造人格,以便更好地走向社会。在一定程度上,这也正是大学美育的时代使命所在。时代的发展,艺术教育的进步,大学生性格特征的变化,都为我们编写公共艺术教育教材提出了新任务和新要求。

为深入贯彻落实习近平总书记关于美育工作的重要指示精神,以及中共中央办公厅、国务院办公厅《关于全面加强和改进新时代学校美育工作的意见》要求,全面提高教学质量,培养高素质艺术设计人才,推进艺术院校公共艺术通识教育改革创新,山东工艺美术学院组织编写了本套公共艺术通识教育教材。本套教材包括《大学美育》《艺术导论》《美学导论》《马克思主义文艺观通论》《传统造物与生活方式概论》五册。

本套教材与其他公共艺术通识教育教材相比,显示出以下三方面特色:第一,视野广阔全面,涵盖美学原理、艺术学原理、马克思主义文艺观、传统造物原理等多个艺术教育领域,能够使学生获得全面的公共艺术通识教育;第二,特点鲜明突出,立足于中华传统造物艺术体系和中华传统造型艺术体系,结合我校民艺学研究传统,相关案例特点鲜明;第三,多学科交叉融合,涉及美学、文学、社会学、历史学、美术学、民俗学等多个学科,编写者来自不同的学科领域,教材内容明显具备多学科交叉融合的特点。

本套教材是编写组所有成员集体智慧的结晶。尽管编写者都认真负责,但难免会出现疏漏和不足。恳请各位专家、读者朋友批评指正。本套教材的出版得到了清华大学出版社的大力支持,我们对清华大学出版社严谨认真的编审人员表示衷心的感谢!最后,希望这套教材能够为艺术院校公共艺术教育事业的发展作出贡献。

2024年5月20日

前 言

马克思主义文艺理论自创始以来取得了辉煌的成就，产生了国际性的影响，为文艺界提供了巨大的精神指引。自"五四"运动以来，马克思主义文艺理论传入中国，并迅速传播、发展，彻底改变了中国文艺理论的面貌。认真总结和学习马克思主义文艺理论的理论成就，全面系统地掌握马克思主义文艺理论的要义和精髓，在当前有着十分重要的理论意义和现实价值。

马克思主义文艺理论的产生与发展历程

马克思主义文艺理论自19世纪40年代创建以来，一直在不断发展、创新，逐渐形成了一个完整的理论体系。马克思主义文艺理论大致可以分为形成、发展、创新发展三个阶段。

马克思主义文艺理论的形成期大致从19世纪40年代开始，直到1895年恩格斯逝世。马克思主义文艺理论形成期的主要代表性成果是马克思和恩格斯关于文艺的一系列论述。例如，《1844年经济学哲学手稿》《〈政治经济学批判〉导言》《致斐迪南·拉萨尔》《致玛格丽特·哈克奈斯》等。这一时期，马克思主义文艺理论的形成有其独特的历史条件和思想基础。一方面，19世纪欧洲的资本主义得到了迅速发展，各国逐渐建立起资本主义制度体系；另一方面，无产阶级作为一支先进的革命力量开始登上历史舞台。19世纪以无产阶级与资产阶级关系发展为主线的时代变化，影响了马克思、恩格斯各自的文艺认知和文艺思想，使他们能够逐渐认识到无产阶级文艺思想与资产阶级文艺思想的不同。19世纪的文学、艺术、思想领域也发生了巨大变化，如现实主义逐渐替代了浪漫主义，无产阶级文艺思想开始逐渐萌芽，一些有社会主义倾向的文艺作品开始出现等。以黑格尔为代表的德国古典哲学、文艺学思想也对马克思、恩格斯的文艺思想产生了重要影响。这些文艺和思想领域的变化是马克思主义文艺理论形成的重要基础。

19世纪末至20世纪20年代是马克思主义文艺理论的发展阶段。这一时期，马克思、恩格斯的许多学生、战友在传播马克思主义文艺理论的同时，丰富和发展了马克思主义文艺理论，撰写了许多文艺论著。这一时期马克思主义文艺理论的代表性人物有普列汉诺夫、拉法格、蔡特金、梅林、列宁、卢卡奇等，其中列宁的马克思主义文艺理论成就最大。列宁在俄国十月革命前后撰写的一系列文艺论著在当时及后世产生了极大的影响，如《列夫·托尔斯泰是俄国革命的镜子》《青年团的任务》等。由于资本主义在这一时期进一步发展为垄断资本主义，资产阶级和无产阶级之间的矛盾更加激化，这一时期的马克思主义文艺理论也呈现出独特的时代性特征。20世纪20年代，以瞿秋白、鲁迅等为代表的一批左翼进步文艺理论家开始积极介绍、引进马克思主义文艺理论，促进了马克思主义文艺理论在中国的传播和发展。

20世纪三四十年代至今，是马克思主义文艺理论的创新发展阶段。这一阶段，马克思主义文艺理论在中国产生了一系列中国化的理论成果，逐渐形成了中国特色社会主义文艺理论。例如，毛泽东同志1942年发表的《在延安文艺座谈会上的讲话》，1957年发表的《百花齐放、百家争鸣》，1960年发表的《应当充分地批判地利用文化遗产》等，都是结合中国国情提出的马克思主义文艺理论中国化的重要成果，对理论发展产生了极大的影响。改革开放以来，邓小平同志1979年《在中国文学艺术工作者第四次代表大会上的祝词》，江泽民同志1996年《在中国文联第六次全国代表大会、中国作协第五次全国代表大会上的讲话》，胡锦涛同志2006年《在中国文联第八次全国代表大会、中国作协第七次全国代表大会上的讲话》等是马克思主义文艺理论的创新成果。习近平同志2014年10月15日发表了《在文艺工作座谈会上的讲话》，2016年11月30日发表了《在中国文联十大、中国作协九大开幕式上的讲话》，2019年7月16日发表了《习近平致中国文联中国作协成立70周年的贺信》，2021年12月14日发表了《在中国文联十一大、中国作协十大开幕式上的讲话》，2021年12月25日发表了《习近平给中国国家话剧院艺术家的回信》。习近平关于文艺的这些重要论述是马克思主义文艺理论中国化的最新成果，是习近平新时代中国特色社会主义思想的重要组成部分。

马克思主义文艺理论的研究对象和研究内容

马克思主义文艺理论的主要研究对象是作家、艺术家创作的文艺作品，以及客观存在的一些文艺现象。马克思主义文艺理论的主要研究内容包括文艺的发生与发展规律、文艺的本质、文艺创作过程、文艺批评等。本教材内容分为八章。第1章阐述了马克思主义文艺理论产生的历史条件、思想基础、文化渊源；第2章呈现了马克思主义文艺理论关于文艺本质问题的讨论；第3章分析了马克思主义关于文艺发生、发展的理论；第4章论述了马克思主义的文艺生产与消费论；第5章论述了马克思主义的审美特性论；第6章阐述了马克思主义的现实主义文艺观；第7章分析了马克思主义的文艺批评论；第8章描述了马克思主义文艺理论在中国的发展过程。

马克思主义文艺理论的主要特点

马克思主义文艺理论以历史唯物主义和唯物辩证法来看待和理解文艺现象和文艺作品，这也是马克思主义文艺理论与其他文艺理论的最重要的区别。马克思主义文艺理论的主要特征在于其具有鲜明的批判性、科学性、人民性等。

第一，马克思主义文艺理论具有鲜明的批判性。从19世纪40年代马克思主义文艺理论形成期起，马克思、恩格斯就同当时许多资产阶级文艺观、封建主义文艺观等代表性人物展开了激烈的争论，并对他们的作品进行了批判。例如，马克思和恩格斯都对拉萨尔创作的历史剧《弗兰茨·冯·济金根》进行了批判。马克思在给拉萨尔的回信中说："这样，你就得更加莎士比亚化，而我认为，你的最大缺点就是席勒式地把个人变成时代精神的单纯的传声筒。你自己不是也有些象你的弗兰茨·冯·济金根一样，犯了把路德式的骑士反对派看得高于闵采尔式的平民反对派这样一种外交错误吗？"①马克思和恩格斯还对以卡尔·格律恩为代表的"真正的社会主义"文学流派进行了批判，并在批判的基础上提出了美学观点和历史观点相结合的文艺批评标准。恩格斯说："我们决不是从道德的、党派的观点来责备歌德，而只是从美学和历史的观点来责备他；我们并不是用道德的、政治的或'人的'尺度来衡量他。"②

第二，马克思主义文艺理论具有鲜明的科学性。马克思主义文艺理论基于历史唯物主义和唯物辩证法来看待文艺现象和文艺作品，其理论具有科学性。马克思、恩格斯都是将文艺作品、文艺现象置于社会历史发展进程和辩证联系的基础上来进行分析的，而不是从宗教或哲学等理念入手，显示出鲜明的科学性。

第三，马克思主义文艺理论具有鲜明的人民性。马克思主义文艺理论始终站在无产阶级和劳动人民的立场上来分析问题。例如，毛泽东、邓小平、江泽民、胡锦涛等党和国家领导人都曾提出过文艺应当为人民群众服务的观点。习近平《在文艺工作座谈会上的讲话》中指出："社会主义文艺，从本质上讲，就是人民的文艺。"③

学习马克思主义文艺理论的意义和方法

学习马克思主义文艺理论的意义

对于本科阶段的大学生，尤其是艺术院校的本科生来说，学习马克思主义文艺理论具有重要的意义。第一，马克思主义文艺理论具有鲜明的批判性、科学性、人民性，学习马克思主义文艺理论能够更好地指导我们进行文艺创作和文艺批评，帮助我们树立正确的文艺观。第二，马克思主义文艺理论是基于历史唯物主义和唯物辩证法的，学习马克思主义文艺理论能够为我们提供研究文艺现象、文艺作品的新视角、新方法、新理念。

学习马克思主义文艺理论的方法

学习马克思主义文艺理论需要注意学习方法。第一，要多读原著、原典。只有把马克思主义文艺理论家的原著读深悟透，才能够更深刻地

---

① 马克思.马克思致斐迪南·拉萨尔[M]//马克思恩格斯全集：第二十九卷，北京：人民出版社，1972：574.
② 恩格斯.卡尔·格律恩《从人的观点论歌德》[M]//马克思恩格斯全集：第四卷，北京：人民出版社，1958：257.

③ 习近平.在文艺工作座谈会上的讲话[M]//中共中央宣传部编.习近平总书记在文艺工作座谈会上的重要讲话学习读本.北京：学习出版社，2015：14.

理解马克思主义文艺理论。第二，学习马克思主义文艺理论时，要有问题意识，依据自己的兴趣，带着自己的问题去阅读、学习，只有这样才能更好地理解、掌握马克思主义文艺理论。

本教材的特色在于：第一，综合马克思主义文艺理论以往的研究成果，建立了较为完整的马克思主义文艺理论体系；第二，突出呈现马克思主义经典作家的经典论述，引文翔实，便于学生准确把握第一手资料。本教材由彭文雅负责编写第1~4章，毛晓帅负责编写第5~8章。本教材编写过程中综合参考了多个版本的《马克思主义文艺理论》相关内容，凡引用之处都尽可能做了规范注释。但是由于编者学识所限，文中难免有疏漏之处，恳请各位读者批评指正。

编者

2024年2月

目 录

第1章 马克思主义文艺理论的产生

1.1 马克思主义文艺理论产生的历史条件 / 001

1.2 马克思主义文艺理论产生的文化和思想基础 / 005

第2章 马克思主义的文艺本质观

2.1 文艺是社会意识形态的形式 / 009

2.2 文艺是掌握世界的特殊方式 / 012

2.3 唯物辩证的文艺创作与批评 / 016

第3章 马克思、恩格斯的文艺发生发展论

3.1 关于文艺起源的各种观点 / 024

3.2 文艺起源的"劳动说" / 028

3.3 马克思主义文艺理论发展规律 / 032

第4章 马克思主义的文艺生产与消费论

4.1 文艺是一种特殊的精神生产 / 042

4.2 艺术生产与艺术消费 / 048

第5章 马克思主义的审美特性论

5.1 马克思论美的规律 / 058

5.2 马克思主义的审美反映论 / 064

第6章 马克思主义的现实主义文艺观

6.1 文艺创作的真实性原则 / 070

6.2 现实主义的基本特征 / 073

第7章 马克思主义的文艺批评论

7.1 美学观点和历史观点结合的标准 / 082

7.2 美学观点和历史观点的发展 / 087

第8章 马克思主义文艺理论在中国的发展

8.1 毛泽东的文艺思想 / 094

8.2 中国特色社会主义的文艺理论 / 102

参考文献 / 118

后 记 / 121

第 1 章　马克思主义文艺理论的产生

马克思主义是由马克思、恩格斯于19世纪40年代首创，并由后继者不断创新发展的科学理论体系。作为理论体系，马克思主义的内容并不局限在某一领域，而是围绕人类社会发展规律进行的科学探索和总结。马克思主义文艺理论就是对人类社会发展中文艺发展过程和规律的探索总结。关于马克思主义文艺理论的渊源，列宁在《关于无产阶级文化》这一决议草案中写道："马克思主义这一革命无产阶级的思想体系赢得了世界历史性的意义，是因为它并没有抛弃资产阶级时代最宝贵的成就，相反却吸收和改造了两千多年来人类思想和文化发展中一切有价值的东西[①]。"列宁指出的这一内容说明马克思主义文艺理论的产生并不是单方面条件作用的结果，而是在人类发展的历史过程中创造和积淀的文化、思想等诸多因素的综合影响下形成的。鉴于这种现实情况，本章重点从历史条件、文化和思想基础两大模块，对马克思主义文艺理论的产生原因和条件进行分析讨论。

1.1　马克思主义文艺理论产生的历史条件

马克思主义文艺理论是马克思主义的创始人即马克思、恩格斯主导创立的。马克思、恩格斯所生活的19世纪是文明和文化大发展的时代。在马克思出生前的29年，法国爆发了资产阶级革命，而在恩格斯逝世后的22年，俄国发生了十月革命，一个多世纪的时空，人类社会形势风起云涌，资产阶级革命和社会主义革命相继发生。迅速变幻的社会环境在给人类文明进程带来深刻影响的同时，也为马克思和恩格斯的成长和进步创造了条件，本节从社会和个人两个维度，分析影响马克思主义文艺理论产生的历史条件。

1.1.1　社会维度：19世纪的时代特征和文艺状况

1. 19世纪的时代特征

19世纪的鲜明时代特征是新旧力量和新旧革命的此消彼长。这主要体现为两个方面：其一，资产阶级由革命走向反动，资本主义从自由竞争转变为垄断；其二，无产阶级从自在走向自为，社会主义从理想转向现实。

[①] 列宁.关于无产阶级文化[M]//中共中央马克思恩格斯列宁斯大林著作编译局.列宁选集：第四卷.北京：人民出版社，1995：299.

1794年，持续5年的法国大革命以波旁王朝瓦解而宣告结束。作为典型的资产阶级革命，法国大革命不仅改变了法国的历史，同时也对整个世界产生了深远的影响。正是在这次革命的影响下，欧洲许多国家在19世纪先后发生了革命，其中尤以1848年最为突出。经过这次大范围的革命后，欧洲各国逐渐确立了资本主义制度，这进一步促使资本主义在世界各国快速发展，并最终形成了一个世界体系。马克思给予了这样的评价："它们不是社会中某一阶级对旧政治制度的胜利；它们宣告了欧洲新社会的政治制度……这两次革命不仅反映了它们本身发生的地区即英法两国的要求，而且在更大得多的程度上反映了当时整个世界的要求。"① 马克思这里所说的"要求"，指的就是推翻封建制度、建立新的生产关系、发展资本主义。

当然，对19世纪人类社会时代特征的认识，不能仅仅局限在资产阶级身上，因为在彻底推翻封建制度方面发挥作用的还有另一个阶级——无产阶级。也就是说，是资产阶级与无产阶级联合起来，才推翻了封建制度。在推翻封建制度、建立新的生产关系方面，资产阶级和无产阶级在19世纪某一时期内的目标是相同的。然而，随着资产阶级革命取得胜利，资本主义制度确立后，资产阶级与无产阶级的共同利益逐渐开始消减，随之增长的是两大阶级之间的矛盾。正是在这种情况下，在受到资产阶级的无情剥削以后，无产阶级开始意识到资产阶级所谓的"建立新的生产关系，发展资本主义"与自身利益诉求并不一致，从而开始了反对资产阶级的革命运动。19世纪初英国发生的以破坏机器为手段、反对工厂主压迫和剥削的卢德运动就是这一典型代表；1836—1848年发生在英国的宪章运动则成为世界范围内第一次具有广泛性、群众性的无产阶级革命运动。这次运动与此前1831年和1834年法国发生的两次里昂工人起义，以及1844年德国发生的西里西亚织工运动等一系列无产阶级革命运动，揭示了在欧洲出现的无产阶级与资产阶级之间的斗争已经成为普遍性的情况。这种斗争在19世纪持续进行。而1871年的巴黎公社革命成为无产阶级推翻资产阶级统治，建立无产阶级专政政权的第一次尝试。虽然这次革命最终失败了，却成为无产阶级与资产阶级斗争过程中的一个重要转折点，它证明了无产阶级可以凭借自身力量推翻资产阶级的统治，而最终目的的实现需要积聚力量，重新准备社会主义革命。1917年，俄国无产阶级的胜利，则成为人类历史上社会主义革命的第一次胜利，开创了无产阶级专政的新时代。

19世纪以无产阶级与资产阶级关系发展为主线的时代变化，促使了这一时期的文艺思想和现象的发展与变化，也影响了马克思、恩格斯各自的文艺认知和文艺思想，使他们能够逐渐认识到无产阶级文艺思想与资产阶级文艺思想的不同。

2. 19世纪的文艺状况

文艺作为人类社会发展的一部分，其在19世纪的发展轨迹与时代发展的轨迹相一致。总体来看，这一时期的文艺状况呈现出资产阶级文艺从繁荣走向衰落，无产阶级文艺由萌发到迅速发展。

欧洲地区的资产阶级文艺始于14—16世纪的文艺复兴时期，并在文艺复兴运动的影响下得到了发展。到了18世纪，在启蒙运动、法国大

---

① 马克思. 资产阶级和反革命[M]//马克思恩格斯全集：第六卷. 北京：人民出版社，1961：125.

革命等的推动下，资产阶级文艺思想得到了进一步的发展。18世纪末19世纪初，欧洲地区的一些人在启蒙运动的影响下，表现出了反对古典主义和排斥启蒙主义的思潮，进而在德国兴起了浪漫主义思潮，随后，这一思潮开始在英国、法国等国家快速传播。随着资本主义制度的逐步确立，浪漫主义也成为一些国家的主流思潮。到了19世纪30年代，浪漫主义思潮开始衰退，取而代之的是批判现实主义，并在随后短短的二三十年内成为欧洲地区的主流思潮，于19世纪五六十年代达到高峰。结合整个19世纪人类社会发展中的文艺思想来看，贯穿这一时期的主要有浪漫主义和现实主义，而浪漫主义又分为积极浪漫主义和消极浪漫主义，现实主义又分为古典现实主义和批判现实主义。资产阶级在取得革命胜利后，开始从革命向反动转变，资产阶级对待文艺思想的态度也发生了明显的变化，即为了稳定自身的统治，资产阶级开始想尽办法排斥那些不利于自身稳定发展的思潮。典型的现象就是19世纪六七十年代开始，除俄国和挪威等少数几个国家外，欧洲大部分国家的批判现实主义文艺思潮开始衰落，替代的是唯美主义、自然主义、象征主义等文艺思想。这也使得资产阶级的文艺思潮由先进走向落后，由繁荣发展走向衰退。

与资产阶级文艺思潮相对应的是无产阶级文艺思想的产生和发展。19世纪初，受无产阶级革命的影响，文艺逐渐成为对抗资产阶级的"武器"。无产阶级通过一些诗歌来抨击资产阶级的冷酷和剥削，进而使其成为影响更多无产阶级思想的工具。例如，诗歌《蒸汽王》就成为当时英国伯明翰工人群体中广泛传唱的诗歌；《血腥的屠杀》在德国西里西亚织工运动中得到了广泛传播。在巴黎公社时期，诸如茹尔·瓦莱斯、路易斯·米歇尔等公社的领导者就亲自创作革命主题的文艺作品，将其作为吸引更多人加入反对资产阶级统治的武器。当然，这一时期的文艺形式除诗歌外，还有民歌、戏剧、音乐、小说、散文、绘画等其他多种类型，而这也为广大无产阶级自由创作文艺作品、传播革命思想创造了条件。即使是在巴黎公社失败，无产阶级继续积蓄力量的过程中，不少工人也通过创作文艺作品来传播革命精神和先进思想。例如，《国际歌》就是第一国际活动家、巴黎公社成员、法国工人E.鲍狄埃为纪念巴黎公社革命精神而创作的全世界无产阶级革命歌曲。19世纪无产阶级革命思想的传播途径，除通过阶级斗争唤醒沉睡的无产阶级这种直接方式外，还有一种就是通过传播含有无产阶级革命精神的文艺作品来间接地感召那些遭受资产阶级剥削和欺压的人们，使他们在作品中的思想、精神的带领下，站立起来，参与斗争。

19世纪欧洲资产阶级、无产阶级在文艺思想、文艺创作以及文艺传播方面的差异，实际上为马克思主义文艺理论的产生和发展奠定了基础。

1.1.2 个人维度：马克思、恩格斯各自的思想

整个19世纪，受到资产阶级革命、无产阶级革命以及资产阶级文艺思想和无产阶级文艺思想影响的人非常多。但真正正确地总结出无产阶级文艺思想，并推动其传播和产生影响的，只有马克思和恩格斯，且最终形成了马克思主义文艺理论。而之所以产生这样的结果，很大程度上是因为马克思和恩格斯思想。

马克思、恩格斯在文艺领域的思想可以分为

两个阶段，即参加无产阶级革命前的阶段和参加无产阶级革命后的阶段。

在参加无产阶级革命之前，马克思、恩格斯均表现出了对文艺的热爱。马克思出生在德国莱茵省特里尔城的一个律师家庭，他的父亲热衷于启蒙主义文艺，能够背诵伏尔泰、卢梭等创作的文艺作品，同时，他也是特里尔市文艺俱乐部和益学会的成员。恩格斯出生在莱茵省巴门市的一个商人家庭，他的父亲喜爱音乐和戏剧，并且能够演奏大提琴、低音笛等乐器，是当时巴门市文艺协会的会员。除自己的父亲外，马克思、恩格斯还受到了自己周边那些热爱文艺的亲朋好友的影响。例如，马克思的岳父是一位对浪漫主义文艺表现出热爱之情的人，而恩格斯的外祖父则是一个喜爱文艺和音乐的人。这种具有浓烈文艺氛围的成长环境，使得马克思、恩格斯在少年时期就受到了文艺思想影响。当然，这一时期除了受社会或者家庭的文艺思想的影响外，马克思、恩格斯还会根据自己的喜好主动阅读和创作一些文艺作品。例如，1836年秋，马克思就将自己创作的三本诗集寄给了自己的女友燕妮，其中，《歌之书》收集了23首诗歌，《爱之书》的第一、第二部分共收集了34首诗歌，这些诗歌中，大部分是与燕妮直接相关的。这是因为燕妮的父亲并不同意两人的婚姻，而燕妮要等到马克思完成学业、有自己的职业以后，才愿意与他结婚。在这种情况下，两人处于两地分隔的状态，马克思出于对燕妮的思念和喜爱之情，创作了这一系列的诗歌。与马克思出于爱情创作诗歌不同，恩格斯则是出于对文艺的喜爱之情而进行文艺创作与表演。受浪漫主义思想的影响，恩格斯创作了一系列抒情诗，且诗歌中的情感表达非常细腻，同时，恩格斯还掌握了谱曲、演奏乐器、画画以及使用多种外语进行交流等能力，他时常在报刊上发表自己创作的诗歌、评论、散文、小说等作品。马克思、恩格斯创作的这些诗歌除了表达自己的文艺思想和生活想法外，还间接地影响了周边的人。例如，马克思创作的诗集就打动了自己的姐姐索菲娅，而姐姐将一些好的诗作抄录到了自己的纪念册和笔记本中。当然，马克思、恩格斯所创作的作品在后来的马克思主义文艺理论研究中也被当作经典加以对待，影响了更多的人。

在参加无产阶级革命之后，马克思、恩格斯虽然把主要精力放在了革命事业上，但并没有因此而放弃对文艺领域的关注。恰恰相反，他们将自己对文艺的兴趣和爱好融入了革命活动中，并终生保持着。在一些著作中，随处可以看到他们引用的包括歌德、但丁、莎士比亚、埃斯库罗斯、巴尔扎克以及其他一些文艺大师的作品内容。虽然这些内容只是出于论证需要而引用的只言片语，但也展示了他们对前人创作的文艺作品的喜爱和涉猎范围之广泛。并且，他们对前人所提出的文艺思想，并不是毫无保留地全盘接收，而是带着批判的态度去吸收。当然，在领导无产阶级革命的过程中，马克思、恩格斯在文艺领域的涉猎并不是盲目和随意的，而是根据革命斗争的需要，有意识地进行筛选。并且，他们对文艺名家的关注不仅仅停留在作品层面，还会通过文艺的形式与这些名家保持联系和交往。例如，马克思、恩格斯就曾与革命民主主义作家赫尔维格、海涅，早期无产阶级作家维尔特、弗莱里格拉特、德朗克、琼斯、贝尔，以及莫里斯、艾威林、哈克奈斯、敏娜·考茨基等具有社会主义倾向的作家和乔治·桑等空想社会主义浪漫派作家往来甚密。在19世纪40年代的无产阶级革命中，马克思、恩格斯借助《莱茵报》《新莱茵报》

等报刊向包括上述作家在内的广大文艺领域的人们传播无产阶级革命的思想，通过文艺作品争取更多人的支持，以期壮大无产阶级的力量。在这个过程中，文艺作品除了具有文艺属性外，还有无产阶级革命的特征，而这些也成为马克思主义文艺理论产生的个人主观条件。

1.2 马克思主义文艺理论产生的文化和思想基础

马克思主义文艺理论的产生除了受马克思、恩格斯所处的时代以及这一时代背景下的阶级特征、文艺状况、个人主观思想等因素的影响外，还受到他们所生活时代的主流文化和主流思想的影响。因此，除了从社会发展层面对马克思主义文艺理论产生的时代特征因素进行分析外，还需要从特定时代对应的文化和思想基础方面入手进行进一步的分析。本节就重点从文化基础和思想基础两个方面入手，对马克思主义文艺理论产生的条件进行进一步的分析。

1.2.1 马克思主义文艺理论产生的文化基础

虽然同为人类社会实践的产物，但文艺与文化之间存在着不同。从定义上看，文化是一个广泛的概念，涵盖了一个社会群体的生活方式、信仰、价值观、习俗、规范和知识；文艺更为具体，通常指的是文学与艺术，它是人们对生活的提炼与升华，是文化的一个子集，专注于人类的审美、情感和思考的创意表达。从功能上看，文化作为一个社会的集体记忆和身份标志，具有维护社会连续性、传递价值观和知识、增强社会凝聚力的功能；文艺则主要起到表达、批判和启示的作用，它可以反映社会现实，挑战既定的思想和价值观，或者引导人们看到新的视角和可能性。就两者关系而言，文艺在反映文化的同时，也受到文化的影响，并且，这种影响是广泛而深刻的。同样地，马克思主义文艺理论的产生也受到了相应的文化内容影响，而这里的文化主要体现为起源于古代希腊的欧洲文化，以及18、19世纪欧洲和德国的独特文化。

正如恩格斯在谈到希腊哲学时提到的"在希腊哲学的多种多样的形式中，差不多可以找到以后各种观点的胚胎、萌芽。"[1]古希腊的文化也是解释欧洲文化产生和发展的重要依据。关于欧洲最早的文艺理论，可以追溯到古希腊时期的柏拉图和亚里士多德。在他们的著作中，蕴含着丰富的古典主义（现实主义）、浪漫主义文艺思想和理论内容。而亚里士多德更是被称为"第一个以独立体系阐明美学概念的人"。从文艺复兴到19世纪，抛开中世纪前最黑暗的时期，亚里士多德的《诗学》被视为古典主义文艺理论中具有统治地位的作品之一。《诗学》中所重点表现的正是现实主义的文艺理论，而这一文艺理论一直持续到19世纪马克思和恩格斯所生活的年代。显然，在这种现实主义文艺理论的影响下所产生的文化现象，在很大程度上影响到了马克思、恩格斯，毕竟这一文化在欧洲占据着较长的时期，不可能被忽视。马克思在中学时代就开始阅读包括柏拉图、西塞罗、修昔底德、荷马、索福克勒斯、塔西佗等人的古典主义著作，并与自己的岳父讨论亚里士多

---

[1] 恩格斯.自然辩证法 [M]// 马克思恩格斯全集：第二十卷.北京：人民出版社，1971：386.

德以及其他一些作家的浪漫主义作品。当然，除了关注古希腊传承下来的古典主义文化内容外，19世纪，还有人关注自古希腊传承下来的神话学内容，其中就包括恩格斯。早在中学时期，恩格斯就接触到了神话方面的相关内容，慢慢地熟悉了大量的希腊神话故事，并将一些故事融入了自己创作的诗歌、小说等文艺作品中。对从古代希腊传承下来的欧洲文化的认识、学习和传承，使得马克思、恩格斯能够从前人的古典主义、浪漫主义等文化思想和文化现象中获得新的文艺认知，而这催生了马克思主义文艺理论。

除了上述的古希腊欧洲文化外，18、19世纪出现的欧洲最新的文化发展成果，也成为马克思主义文艺理论产生的重要条件，其中具有代表性的就是法国的启蒙主义和空想社会主义、英国的古典政治经济学以及德国的古典哲学和美学等内容。发生于18世纪的法国启蒙运动，被称为一次波澜壮阔的思想解放运动。这场对抗宗教的思想运动，主张以理性的头脑和科学的知识对抗愚昧的宗教，反对君主专政，反对基督教宗教神学。而在运动中，文艺被置于非常突出的位置，这是因为文艺是用理性照亮人们头脑、启迪民智的重要工具。在斗争中，一方面提出文艺要反映现实，反映资产阶级所崇尚的道德和思想；另一方面则极力提出文艺要揭露封建专制制度和基督教会的黑暗与罪恶，抨击封建贵族矫揉造作的文艺趣味以及伪古典主义和洛可可的文艺风格。这些具有革命性质的文化活动，促使马克思、恩格斯对宗教和封建专制情况下的文化现象有了彻底的认知。

空想社会主义则是一些人在对启蒙运动和法国大革命感到失望后，在卢梭浪漫主义思想的启发下产生的社会思潮。代表人物有卡贝、魏特林、德萨米以及著名的圣西门、傅立叶、欧文等。这些人在看到资本主义制度弊端，并对这种社会制度感到失望后进行了理想化社会构思和设计。这些人的相关作品中除了揭示资本主义制度的不合理之处外，就是主张用理想的社会主义制度来替代资本主义制度，并明确这种替代是人类社会历史发展的必然。同时，空想社会主义者还主张社会要尊重文艺家，恢复对文艺领域的支持。例如，圣西门就提出古希腊时期，人们由于发现了文艺领域的一些规律性的内容，而将文艺置于很高的位置。而在当时的社会，文艺家却并不被社会尊敬，而成为了王公、贵族的附庸。故而，应当对当前的社会进行改造，恢复文艺的崇高地位。虽然空想社会主义关于文艺领域的一些想法表现出一定的不切实际，但这些思想却凸显了文艺领域和文艺家的重要地位，而这也成为促使马克思、恩格斯关注人类文化现象的重要因素。

英国的古典政治经济学，是以亚当·斯密和大卫·李嘉图为代表提出的、资产阶级政治经济学领域的成果。在文艺领域，这一成果的重点表现是揭露了资本主义社会物质生产和精神发展之间的矛盾。例如，亚当·斯密就指出，在资本主义社会，随着劳动分工的出现，广大劳动者遭受了灾难，陷入了被奴役、被侮辱的境地，他们的精神和智慧被钝化和摧残。在这种情况下，作家、文学家等文艺工作者作为精神生产者，同样受到了资本主义的压迫，他们劳动所产生的价值，成为资本家赚钱的工具。古典政治经济学中关于文化发展的思想内容，实际上为人们更清楚地认识资产阶级的本来面目提供了指导，而这也直接或间接地影响到了马克思、恩格斯对于文艺的认识。

德国古典哲学和美学方面的代表者，如歌德、席勒、黑格尔等，均把人和社会的和谐发展视为人类社会从古希腊时代以来一直的理想。他们认为，在资本主义社会中，随着社会分工的加剧，人和社会实际上是分裂的，而这使得人处于外在世界和内在世界的双重矛盾之中。在解决这种矛盾的过程中，主要的就是文艺，即通过文艺来实现精神与肉体、情感与理性、自由与必然的平衡。同时有人认为，美学将矛盾视为事物发展的内在动力，文艺不仅是发展的，而且是按照由低级向高级、从简单到复杂、从物质到精神的方式不断发展的，不同时期的文艺会以合适的方式发展。这实际上揭示的是文艺作为人类社会发展的产物，是随着人类社会的发展而发展的。需注意，德国古典哲学和美学中也存在着一定的不足，这就是它们有些属于唯心主义的内容，即在原本的合理内核外部包裹一层神秘的外壳，使得内部与外部之间存在矛盾。这也使得马克思、恩格斯在研究文化现象和文艺理论时，采取了批判性吸收的方式。

1.2.2 马克思主义文艺理论产生的思想基础

马克思主义文艺理论产生的思想基础主要是辩证唯物主义和历史唯物主义，这也是马克思主义理论的重要组成部分。辩证唯物主义、历史唯物主义等马克思主义哲学内容实际上是马克思和恩格斯对19世纪及之前的哲学思想的批判性吸收，是在对黑格尔、费尔巴哈的哲学观点和思想进行批判、改造、继承的过程中逐步形成的。例如，在发现存在唯心主义、头脚倒置的问题后，马克思就将黑格尔的辩证法倒过来，将包裹在神秘外壳中的合理内核进行改造，形成了正确的辩证法内容，对自然、人类社会和思维的运动和发展的普遍规律进行了正确的解读。同样，在历史唯物主义中，马克思发现了前人提出的思想的弊端，进而对其中的合理部分进行保留和改造，形成了对人类社会发展的正确解读。例如，他提出了"历史活动是群众的事业，随着历史活动的深入，必将是群众队伍的扩大。"[1]

马克思、恩格斯在对前人思想的批判性吸收和改造的实践中，逐渐形成了对人类社会发展的正确认知。一方面，马克思认为人的思维来源于实践，即实践是人们认识的源泉，也是检验真理的标准；另一方面，马克思认为人的行为具有能动性，这种能动性表现在人对事物、现实的认识不只是从客观方面看待，同样也是从主观方面进行的，而这两个方面的区别在于前者只是用直观的形式理解事物、现实，而后者则把这个理解过程视为人的一种感性活动，并且，这种感性活动也是人的实践活动的一部分。马克思的上述辩证法思想内容也影响到了他们对文艺现象发展的认识，从而使得马克思主义文艺理论的产生有了更为科学和明确的思想基础。例如，马克思、恩格斯提出的"不是意识决定生活，而是生活决定意识"[2]的思想，对应到文艺领域，就是不是文艺创作决定现实生活，而是现实生活决定文艺创作，而文艺创作是现实生活的反映。

当然，除了上述间接性的涉及文艺内容的思想外，马克思还在辩证唯物主义和历史唯物主

---

[1] 马克思.神圣家族[M]//马克思恩格斯全集：第二卷.北京：人民出版社，1957：104.

[2] 马克思，恩格斯.德意志意识形态[M]//中共中央马克思恩格斯列宁斯大林著作编译局.马克思恩格斯文集：第一卷.北京：人民出版社，2009：525.

义的相关著作中直接提到了文艺方面的内容。在《〈政治经济学批判〉序言》中，马克思概括性地提出了辩证唯物主义历史观，即关于生产力和生产关系、经济基础和上层建筑、社会存在和社会意识等对立统一规律的基本原理，这为马克思主义文艺思想和理论的产生奠定了基础。在谈到马克思提出的"物质生活的生产方式制约着整个社会生活、政治生活和精神生活的过程"时，恩格斯提到"不仅对于经济学，而且对于一切历史科学（凡不是自然科学的科学都是历史科学）都是一个具有革命意义的发现"①。这里的历史科学就包括文艺。根据马克思归纳的规律，文艺实际上是人类社会发展形成的上层建筑，其自身具有相对独立性和历史继承性，但是，其最终是由社会发展和经济基础决定的。正如恩格斯在《卡尔·马克思的葬仪》中提到的"……所以，直接的物质的生活资料的生产，因而一个民族或一个时代的一定的经济发展阶段，便构成为基础，人们的国家制度、法的观点、艺术以至宗教观念，就是从这个基础上发展起来的"②。

整体来看，包括辩证唯物主义和历史唯物主义在内的马克思主义哲学虽然并没有直接提出文艺思想的理论基础，但其所提供的完整的思想体系和科学的世界观、方法论体系，实际上为我们认识和评价文艺现象和行为提供了一套完整的方法论内容，而这也促进了马克思主义理论在文艺领域的发展。

---

① 恩格斯.卡尔·马克思《政治经济学批判》[M]// 马克思恩格斯全集：第十三卷.北京：人民出版社，1962：526.

② 恩格斯.卡尔·马克思的葬仪[M]// 马克思恩格斯全集：第十九卷.北京：人民出版社，1963：374–375.

第 2 章　马克思主义的文艺本质观

马克思、恩格斯对文艺本质内容的关注主要从两个方面展开。首先，马克思、恩格斯认为文艺是一种社会意识形态，具有当下社会意识形态的性质；其次，马克思、恩格斯认为文学和艺术是人们认识世界、掌握世界的一种方式。

2.1　文艺是社会意识形态的形式

马克思主义文艺本质观认为文艺是一种社会意识形态的形式，是一种承载着特定社会意识形态的表达和传播工具。因此，文艺与意识形态之间存在着密切的关系。

2.1.1　文艺是属于意识形态的上层建筑

马克思主义认为文艺是一种意识形态形式，这是文艺的最基本的属性。文艺的意识形态性是马克思主义文艺理论的核心命题，也是马克思主义文艺理论的一个理论支点。意识形态产生于人们的社会物质生产和交往关系之中，是反映人们社会关系和思想要求的那一部分思想观念的总和，对社会成员和社会关系的发展都具有重要的影响。马克思和恩格斯在《德意志意识形态》中明确指出："德国哲学从天国降到人间；和它完全相反，这里我们是从人间升到天国。""我们的出发点是从事实际活动的人，而且从他们的现实生活过程中还可以描绘出这一生活过程在意识形态上的反射和反响的发展……因此，道德、宗教、形而上学和其他意识形态，以及与它们相适应的意识形式便不再保留独立性的外观了。"[①] 马克思运用唯物史观，深刻分析了意识形态的本质和功能。首先，意识形态是人们在社会实践中所形成的、能够反映现实生活的社会意识形式，具有深刻的社会存在基础；其次，意识形态不仅具有理论功能，还具有实践功能，能够将人们的思想认识统一起来，为改造世界的实践提供规范和引导。文艺便是意识形态的一种具体形式，具备意识形态的理论与实践功能。

文艺创作与创新不是独立于社会生活的，而是来源于社会生活并以文艺工作者个人的创作方式来反映一定社会、时代和阶级的思想观念和实践要求。因此，文艺与其他意识形态的形式都是由一定的社会存在所决定并受到社会物质生产所支配，不是文艺工作者独立的、脱离于社会的个

---

① 马克思，恩格斯．德意志意识形态 [M]// 中共中央马克思恩格斯列宁斯大林著作编译局．马克思恩格斯文集：第一卷．北京：人民出版社，2009：525.

人创造。毛泽东就曾指出，文艺"是一定的社会生活在人类头脑中的反映的产物"。①马克思主义文艺观把文艺视作人类社会的实践产物，强调文艺属于生产关系综合所构成的社会经济基础的上层建筑，是上层建筑中的一种社会意识形态。

文艺创作创新的直接表现和直接产物就是文艺作品。虽然文艺作品是物质性存在，但构成文艺本质的是人的主观创造性活动，是人在社会生活的基础上把物质性因素利用起来、组织起来，形成具体的形象和形象体系。因此，文艺作品是人的意识的创造物，是人的意识对客观存在加工制作的产物。

文艺作为一定经济基础上的上层建筑，为经济基础所决定和制约。马克思在《〈政治经济学批判〉序言》中鲜明地指出："物质生活的生产方式制约着整个社会生活、政治生活和精神生活的过程。不是人们的意识决定人们的存在，相反，是人们的社会存在决定人们的意识。"②恩格斯更具体阐释道："人们首先必须吃、喝、住、穿，然后才能从事政治、科学、艺术、宗教等等；所以，直接的物质的生活资料的生产，因而一个民族或一个时代的一定的经济发展阶段，便构成基础，人们的国家制度、法的观点、艺术以至宗教观念，就是从这个基础上发展起来的。"③所谓经济基础，是社会一定发展阶段的生产关系的总和，而上层建筑则是在一定经济基础上形成的国家政权、军队、法律、哲学、宗教、文艺等社会意识形态。文艺一经产生，就同哲学、宗教、道德、法律等一同构成意识形态的上层建筑并受经济基础制约。

文艺反作用于经济基础。意识由物质决定，也能够反作用于物质。文艺同样如此。文艺以社会生活为基础，但同时反作用于经济基础，后者正是文艺能动性的表现。正如恩格斯所指出的那样："物质存在方式虽然是始因，但是这并不排斥思想领域也反过来对物质存在方式起作用，然而是第二性的作用。"④文艺对经济基础的反作用通过直接促进经济社会发展和通过"中间环节"反作用于经济基础两种方式实现。就直接促进经济社会发展而言，一方面，文艺创新发展为社会提供丰富的高质量、高水平、为人民群众所喜闻乐见的文艺作品，促进文化产业与文化事业发展，促进中国特色社会主义文化大繁荣；另一方面，高质量文艺作品在满足人民群众精神文化需求的同时，更进一步提升人民消费层次，增强人民精神力量，增强人民群众的文化自信，从而提升了国家的文化软实力。

就通过"中间环节"反作用于经济基础而言，文艺作为一种表达和传播意识形态的工具，能够通过作品的内容、形式和风格等方面来体现特定的意识形态。不同的意识形态对文艺的创作和审美标准产生指导和影响，从而使文艺作品呈现出不同的思想倾向和价值取向。例如，在社会主义意识形态的指导下，文艺作品通常强调人民群众的奋斗精神，弘扬社会主义价值观，而在资本主义意识形态的影响下，文艺作品可能更加注重个人主义和市场价值。文艺作品也具有塑造和

---

① 毛泽东.在延安文艺座谈会上的讲话[M]//毛泽东选集：第三卷.北京：人民出版社，1991：860.
② 马克思.《政治经济学批判》序言[M]//中共中央马克思恩格斯列宁斯大林著作编译局.马克思恩格斯选集：第二卷.北京：人民出版社，2012：2.
③ 恩格斯.卡尔·马克思的葬仪[M]//马克思恩格斯全集：第十九卷.北京：人民出版社，1963：374-375.
④ 恩格斯.恩格斯致康拉德·施米特[M]//中共中央马克思恩格斯列宁斯大林著作编译局.马克思恩格斯选集：第四卷.北京：人民出版社，2012：598.

影响意识形态的能力，通过其独特的艺术表达方式，文艺作品能够触动人们的情感和思想，引发对社会现象和价值观的思考和反思。文艺工作者通过传递特定的思想观念和情感体验来影响观众的意识形态，塑造和改变人们的价值观念。

当然，文艺与社会经济发展往往是不平衡的。文艺是以社会的物质生产为基础的，文艺的产生和发展离不开一定的社会经济条件，文艺繁荣往往是经济繁荣的产物。但马克思指出："关于艺术，大家知道，它的一定的繁盛时期决不是同社会的一般发展成比例的，因而也决不是同仿佛是社会组织的骨骼的物质基础的一般发展成比例的。"[1]比如，近代中国尽管经济落后，但诞生了诸如鲁迅、老舍、茅盾、沈从文、钱钟书等一批优秀文艺家。文艺自身具有一定的独立自主性，必须深入把握文学艺术与社会经济发展的不平衡关系，才能充分尊重文学艺术发展的规律，更好地发挥其在社会发展中的积极作用。

2.1.2　文艺创作追求社会性与人民性

基于文艺与社会生活的辩证关系，马克思主义文艺观鼓励文艺创新。文艺工作者应该敏锐地判断社会发展的潮流和趋势，敏锐地感知人民群众的精神文化新需求。为此，文艺创新应运而生。文艺工作者需要创新文艺作品的表现手法和表达方式，使文艺作品更好地反映社会现实和人民生活，为社会发展注入新的活力和动力。但文艺创新必须遵循社会性与人民性的审美追求。作为对社会意识形态的反映，文艺创作的直接形式——文艺作品——是对社会情势与人民情感的表达，文艺创新必须满足人民群众的审美需求和社会发展的需要。社会性和人民性是文艺创作与审美的两个基本要求。

文艺创作与审美的社会性要求意味着文艺作品应该关注社会现实，反映社会问题和社会矛盾。马克思曾说过："忧心忡忡的穷人甚至对最美丽的景色都没有什么感觉；贩卖矿物的商人只看到矿物的商业价值，而看不到矿物的美和特性；他没有矿物学的感觉。"[2]忧心忡忡的穷人之所以感觉不到最美丽的景色，那是因为他们的内心还在为生存问题所困扰；而商人之所以感觉不到矿物的美和独特，是因为他们只追求金钱。马克思对不同人群眼中"美"的印象的差异化描述表明，文艺创作与审美总是与人的实际生活处境，进而与人的阶级状态和立场有实质性的关联。马克思主义文艺工作者应该通过作品揭示社会的不公正，呼吁社会正义，艺术作品具有批判性和启发性，引发观众的思考和行动。

文艺创作与审美的人民性要求强调文艺作品应该与人民群众的生活和情感相联系。马克思、恩格斯认为，文艺是人在精神领域的社会实践活动的产物，来自人们的现实生活。因此，文艺工作者应当与人民同呼吸、共命运、心连心，文艺作品关注普通人的命运和体验，表达人民的愿望、希望和心声。马克思指出："自由的出版物是人民精神的慧眼，是人民自我信任的体现，是把个人同国家和整个世界联系起来的有声的纽带；自由的出版物是变物质斗争为精神斗争，而且是把斗争的粗糙物质形式理想化的获得体现的文化。"[3]

---

[1] 马克思.《政治经济学批判》导言[M]//中共中央马克思恩格斯列宁斯大林著作编译局.马克思恩格斯选集：第二卷.北京：人民出版社，2012：710.

[2] 马克思.1844年经济学哲学手稿[M]//马克思恩格斯全集：第四十二卷.北京：人民出版社，1979：126.

[3] 马克思.第六届莱茵省议会的辩论（第一篇论文）[M]//马克思恩格斯全集：第一卷.北京：人民出版社，1956：74.

马克思把人民性作为出版物的基本条件，主张出版物要表达一定的人民精神。列宁则直接指出："艺术属于人民。它必须深深地扎根于广大劳动群众中间。"① 这表明马克思主义的文艺是人民文艺，文艺创作与审美追求人民性，追求文艺作品的真实性和接地气，使人民能够在作品中找到自己的影子，从而产生共鸣和认同。

文艺作品不再是孤立的艺术品或者是供人消遣的商品，而是与社会和人民群众紧密联系的意识形态表现形式。它们通过反映社会问题和人民的心声，引起受众的共鸣和思考，推动社会的进步和改革。正如毛泽东在延安文艺座谈会上深刻指出：文艺工作者只有"长期地无条件地全心全意地到工农兵群众中去，到火热的斗争中去，到唯一的最广大最丰富的源泉中去，观察、体验、研究、分析一切人，一切阶级，一切群众，一切生动的生活形式和斗争形式，一切文学和艺术的原始材料，然后才有可能进入创作过程"②。优秀的文艺工作者不能站在生活之外、群众之上，而是要以一个普通的劳动者身份，虚心地向群众学习。只有同人民群众打成一片，才能了解最基层正在发生的变化，才能感知人民群众的喜好、习惯和生活境况，才能了解人民群众欣赏的文艺作品的具体要求：他们喜欢什么样的主题、内容，适应什么样的构图、光线、色调等，从而指导文艺创作的方向。延安时期的文艺工作者正是坚持党性原则，坚持人民立场，创造了家喻户晓的人民文学、群众艺术，如《东方红》《太阳照在桑干河上》《南泥湾》《血泪仇》《白毛女》《黄河大合唱》等。

社会性和人民性的创作与审美追求并不意味着束缚文艺创作，反而进一步解放了文艺工作者的创作思想。列宁在《党的组织与党的文学》一文中强调："每个人都有自由写他所愿意写的和说他所愿意说的一切，没有丝毫的限制。但是每个自由的结社（党也包括在内）同样也有自由赶走利用党的招牌来鼓吹反党的观点的成员。"列宁在这里强调的社会主义文学是"为了使真正自由的、和无产阶级公开联系着的文学去对抗假装自由的而事实上和资产阶级联系着的文学"③。文艺的党性原则非但不会限制文艺创作的自由，反而大大发展了这种自由，大大开阔了作家的视野。坚持社会性和人民性创作与审美追求的文艺工作者勇于探索新的表现方式和文艺语言，以创新的精神塑造新的艺术形象，是为了反映社会主义社会，服务广大人民群众。

马克思主义文艺观中的社会性和人民性创作与审美追求是文艺作为社会意识形态具体形式的必然结果，它要求文艺工作者创作作品时应当关注社会问题和人民利益，在反映社会现实和人民情感的基础上，发扬文艺创作的个性和风格，通过创新艺术手法和表现形式，为观众带来新的艺术享受和审美体验，并引起思想和心灵的碰撞。

2.2 文艺是掌握世界的特殊方式

关于人对世界的掌握方式，马克思在《〈政治经济学批判〉导言》中曾有一段精辟的论述，

---

① 中国社会科学院文学研究所文艺理论研究室.列宁印象记[M]//列宁论文学和艺术，北京：人民文学出版社，1983：435.
② 毛泽东.在延安文艺座谈会上的讲话[M]//毛泽东选集：第三卷.北京：人民出版社，1991：861.

③ 列宁.列宁论报刊[M].北京：中国人民大学出版社，1958：80.

他说，"整体，当它在头脑中作为思维整体而出现时，是思维着的头脑的产物，这个头脑用它所专有的方式掌握世界，而这种方式是不同于对世界的艺术的、宗教的、实践—精神的掌握的。"①"掌握"世界，即认识和反映世界，"掌握世界"的方式，指的是意识活动的方式而不是意识活动的成果。这一论断提出了人类掌握世界的四种方式，即理论方式、艺术方式、宗教方式和实践—精神方式，每一种方式都有其不同的特点，都从不同的角度，侧面反映了人类认识世界和改造世界的丰富性、多样性。其中，艺术的掌握世界的方式是采用形象思维的方法对客观世界进行情感式的审美把握，人们在通过文艺作品来认识世界的同时，进行审美和情感体验，不仅达到对世界的认识，也包含着人对自己的认识；不仅掌握了世界，也掌握了人的自身主体性。

2.2.1　文艺的审美特征与表现形式

文艺与美具有内在的必然联系。在《1844年经济学哲学手稿》中，马克思就提出了"美的规律"问题。美是艺术的属性，文学艺术和美是不可分离的，文艺根据自然形态的美而创造艺术美，将美视作其内在的灵魂和生命，而人们也总是抱着审美态度来欣赏文学艺术，并努力地发现美和感受美。因此，文艺作为一种社会意识形态的形式，不仅具有服务社会实践活动的功能特征，还具有美的基本属性。文学艺术的基本特点就在于它用具有审美意义的艺术形象来反映社会生活。美具有情感性的特点，文艺创作者们通过特定的表现形式，将带有这些特性的美塑造和传达出来。对美学意义和审美享受的分析，能够帮助我们认识文艺所具有的情感性审美特征。

美是一种独特的感知经验，它能够引发人们的情感共鸣；美对于人类的生活和文化具有重要的意义，它能够提升人们的精神境界，激发人们的创造力和想象力。审美享受是人们在欣赏艺术作品时所体验到的愉悦和满足，当人们欣赏一幅优美的画作、听一首动人的音乐、观看一部精彩的电影时，他们会被作品中所呈现的美吸引和打动，产生一种愉悦和满足的感觉。这种审美享受不仅仅是对作品形式和技巧的赞赏，更是对作品所传递的情感和思想的共鸣，审美享受能够让人们从日常生活的琐碎中抽离出来，进入一个纯粹的艺术境界，感受到美的魅力和力量。因此，文艺作品蕴藏着丰富的情感力量，创作者通过文艺作品的内容，以特定的表达形式向受众传递思想情感，并转化为人的审美体验。

文艺作品具有独特的力量，能够通过各种艺术手段将情感转化为作品的语言和形象，从而与受众产生情感共鸣。情感表达是文艺作品的灵魂，它通过作品中的人物、情节、语言、音乐等元素，将创作者内心的情感和思想传递给受众。作品中的人物形象和情节发展往往是情感表达的关键；通过塑造真实而饱满的人物形象，创作者能够让受众感受到人物的喜怒哀乐、矛盾和成长；情节的发展则通过冲突、转折等手法，引导受众在情感上产生起伏和共鸣。语言和音乐也是情感表达的重要媒介，它们通过节奏、音调、押韵等方式，传递出作品中情感的强度和变化。情感共鸣是受众对文艺作品中情感的共鸣和共情，受众在欣赏作品时，作品中所呈现的情感与他们自身的情感相吻合，受众会感受到一种身临其境的情感体验，产生共鸣。

---

① 马克思.导言（摘自1857—1858年经济学手稿）[M]// 马克思恩格斯全集：第十二卷.北京：人民出版社，1962：752.

这种共鸣不仅仅是对情感的共鸣，更是对人物命运、社会现象和价值观念的共鸣，通过与作品中的人物和情节产生共鸣，受众能够更深入地理解自己的情感和思想，从而产生对作品的认同。情感共鸣在文艺作品中具有重要的意义，它能够拉近作品与受众之间的距离，使受众更加投入和沉浸于作品中，从而更好地理解作品所要传递的思想。此外，他们也会对作品中呈现的情感和思想进行反思，从而促进个体的情感成长和思维的启迪。概言之，文艺所具有的情感性特征赋予其强大的审美力量。

为了实现情感性的审美特征，文艺必须借助想象力的表现形式。马克思在讲到希腊神话时指出，艺术的主要加工形式是形象化，形象是对艺术的要求。要实现形象化，就必须借助想象力，实现主观意向和客观表象的统一。优秀的文艺作品充满了创造性的想象力与表达。想象力是人类最为宝贵的天赋之一，它让我们能够超越现实的束缚，进入一个充满无限可能性的世界。而文艺作品则是这种想象力和表达的载体，通过艺术家们的创造力和才华，将想象力转化为作品，让人们领略到创造的奇迹。在《路易斯·亨·摩尔根〈古代社会〉一书摘要》中，马克思指出："在野蛮时代低级阶段，人类的较高的属性便已开始发展起来了。个人的尊严、口才、宗教感情、正直、刚毅和勇敢这时已成为性格的一般特点，但同时也表现出残忍、诡诈和狂热。宗教中的对自然力的崇拜，关于人格化的神灵和关于一个主宰神的模糊观念，原始的诗歌，共同的住宅，玉蜀黍面包，都是这个时期的东西。"马克思接着说："对于人类的进步贡献极大的想象力这一伟大的才能，这时已经创造出神话、故事和传说等口头文学，已经成为人类的强大的刺激力。"[1] 在马克思看来，想象不仅能弥补现实之不足，而且能将现实进行提升，实现一种理想的美的建构。借助想象的方式，文艺创作者对自然和社会形式本身进行加工和呈现。创造性的想象力是文艺作品的灵魂，它是艺术家们大胆探索未知领域的源泉，是他们超越常规思维的桥梁。想象力的力量在于它能够创造新的世界，让人们看到不同的可能性。无论是文学作品中的奇幻故事、科幻小说中的未来世界，还是电影中的特效场景，都是想象力的产物，想象力让人们能够超越现实的限制，勇敢地探索未知，发现新的可能性。文艺作品通过创造性的表达方式，将想象力转化为形式，让人们能够感受到艺术家的内心世界。

艺术家们用他们独特的语言、音乐、绘画、舞蹈等形式，将想象力融入作品之中，他们用色彩的组合、音符的编排、舞姿的编排等方式，创造出独特而美妙的艺术形象。这些形象不仅仅是对现实的再现，更是艺术家们内心世界的表达，通过这种表达，艺术家们能够与受众产生共鸣，让受众们感受到他们的情感和思想。创造性的想象力和表达不仅仅存在于艺术作品中，它们也渗透到人们日常生活的方方面面，无论是科学的创新发明、工程的设计构思，还是个人的梦想和愿景，都离不开想象力和表达的力量。想象力让人们能够勇敢地追求自己的梦想，表达自己的思想和情感，它鼓励人们跳出常规思维，勇于创新和尝试，帮助人们发现新的解决方案和机会。

---

[1] 马克思.路易斯·亨·摩尔根《古代社会》一书摘要[M]//马克思恩格斯全集：第四十五卷.北京：人民出版社，1985：384.

2.2.2 文艺对现实的再现与解构

根据马克思主义唯物史观，经济基础决定上层建筑，人的实践活动将人类的精神世界与物质世界、物质生产关系相互关联。作为人的精神实践活动的文艺生产，必然受到物质世界和物质生产关系的制约，同时文艺生产不仅深刻地反映社会现实，也能动地影响和改变社会物质生产状况。文艺之所以能够成为人们掌握世界的方式，正是在于它与现实的这种本质关联。文艺来源于社会现实，以特定的形式再现了社会生活状况，但同时又通过再生产来解构现实世界。一句话，文艺既真实再现了现实世界，又解构和拓宽了现实世界。

首先，文艺通过对现实世界的再现，使人们能够认识世界、感知世界，进而掌握世界。真实再现与社会批判是文艺实现对现实世界再现的两种方式，呈现出对现实生活的观察和思考。真实再现是指作品通过生动、逼真的描绘，力求还原现实生活中的细节和情感，使观众能够感受到作品所揭示的真相和意义。真实再现是文学与艺术作品中的一种重要手法，它追求对现实生活的准确再现和真实感受。通过生动的描写和细腻的情感刻画，作品能够将受众带入作品所描绘的场景和人物之中，使他们能够身临其境地感受到作品所呈现的情感和体验。真实再现不仅仅是对物理现象和事实的还原，更是对人物内心世界和情感状态的揭示。通过真实再现，作品能够引发受众的共鸣和思考，使他们更加深入地理解和关注现实生活中的人与事。社会批判是文学与艺术作品中的另一种重要表现形式，它通过对社会问题的剖析和批评，揭示社会的弊端和不公，引发受众对社会现实的思考。社会批判常常关注社会中的不公正、道德沦丧、权力滥用等问题，并通过作品中的人物和情节，将这些问题展现给受众。通过社会批判，作品能够引发受众对社会问题的关注和思考，激发他们对社会现实的批判意识和行动。社会批判不仅仅是对社会问题的揭示，更是对人性和人类价值观念的思考。真实再现与社会批判在文学与艺术作品中常常相互交织，相互促进。通过真实再现，作品能够生动地展现社会中的人物形象和情节发展，使受众更加深入地感受到作品所揭示的社会问题和人类命运；而通过社会批判，作品能够对现实生活中的问题进行深入的思考和批判，从而为真实再现提供更加深刻和有力的支撑。真实再现与社会批判相互交织，使作品具有更强的表现力和思想深度，能够引发受众的共鸣和思考。

现实世界本身具有复杂性，那么文艺怎样才能解构复杂的现实世界并清晰呈现出来呢？通过视角解构与多元性探索的方式，文艺得以解构和拓宽现实世界。文学与艺术作品常常通过视角解构和多元性探索来挑战传统观念和创造更加多样化的艺术体验。视角解构是指对传统视角和观念的批判与解构，通过改变叙事者的视角、描写方式和语言表达，打破常规的叙事结构和思维模式。多元性探索则是指对多种观点、经验和身份的探索，通过呈现不同的文化、性别、种族、社会阶层等多元元素，展现出世界的复杂性和多样性。

恩格斯在《自然辩证法》中指出："先从感性的事物得出抽象，然后又期望从感性上去认识这些抽象，期望看到时间，嗅到空间。经验主义者深深地陷入经验体验的习惯之中，甚至在研究抽象的时候，还以为自己置身在感性体验的领域内。我们知道什么是一小时或一米，但是不知道什么是时间和空间！仿佛时间不是实实在在的小时而是其他某种东西，仿佛空间不是实实在在的立方米而是其他某种东西！物质的这两种存在形式离开了物质当然都是无，都是仅仅存在于我们头脑之中的空洞的观念、抽象。"① 这段话为文艺如何进行解构提供了启发——应突破特定视角对人们感性体验和观念的限制，让受众从不同的角度去看待问题，从而产生更深入的思考和理解。在文学作品中，作者可以通过采用多个叙事者的视角，让读者了解到不同人物的思想、感受和经历，从而形成更全面的故事；在电影和绘画中，导演和艺术家可以运用不同的镜头、画面构图和视觉效果，让观众从不同的角度去感知和解读作品。多元性探索是对社会多样性和个体差异的探索。现代的文学和艺术作品越来越关注多元性的表达，试图打破单一的文化框架，呈现出更加包容和多元的世界。通过呈现不同的文化、性别、种族、社会阶层等元素，作家和艺术家可以展示出世界的多样性和复杂性，激发受众对不同经验和身份的共鸣和理解。视角解构和多元性探索的重要性在于它们能够拓宽受众的视野，打破既有的思维定式和偏见，通过引入不同的视角和多元的元素，作家和艺术家可以唤起受众的思考和共鸣，促使他们重新审视自己的观念和价值观，这种思想的碰撞有助于推动社会的进步和变革，促使人们更加开放和包容。

此外，文艺还能通过符号象征与隐喻解读的方式来充分解构和呈现现实世界。文学与艺术作品中的符号象征与隐喻解读是一种常见的表达手法，它们通过使用符号和隐喻来传递深层的意义和思想。符号象征是指通过具体的符号或象征物来代表抽象的概念或思想，使作品具有更深远的意义和象征性。隐喻解读则是指对作品中使用的隐喻和象征进行解读和理解，揭示出作品的隐含意义和哲理。在文学作品中，作者可以通过使用特定的动物、物体或场景作为符号，代表某种情感、价值观或主题；在绘画和雕塑中，艺术家可以通过使用特定的符号和图像来表达自己的观点和思想。通过使用隐喻，作家和艺术家可以在作品中隐藏更多的意义和思考，引发受众的思考和共鸣。隐喻解读的过程是通过解读隐喻所暗示的意义，揭示作品的隐含信息和哲理。例如，在文学作品中，作者可以通过隐喻来表达人类的情感、人生的意义或社会的问题；在绘画和电影中，艺术家可以通过隐喻来传递特定的情感、观点或主题。这种隐喻解读的过程需要受众主动去思考和解读，从而达到更深刻的理解和体验。符号象征和隐喻解读的重要性在于它们能够丰富作品的内涵和意义。

2.3 唯物辩证的文艺创作与批评

然而现实生活中这种随心所欲的自由，总是难免要受到外在或内在条件的各种限制，因而创作自由在实践上和理论上都是一个非常复杂的问题。

2.3.1 创作自由与人民立场

创作自由是马克思主义文艺观的重要内容。坚持马克思主义的创作自由对于文艺工作的高质量发展具有重要的意义。必须指出的是，马克思主义的创作自由并不是无原则、无条件的资产阶级自由观，而是唯物辩证的科学的自由观。马克

---

① 恩格斯. 自然辩证法 [M]// 马克思恩格斯全集：第二十卷. 北京：人民出版社，1971：578–579.

思主义的创作自由强调在尊重文艺工作者的独立创作自由的同时，也坚持无产阶级的创作立场和以人民为中心的创作导向。

马克思在《第六届莱茵省议会的辩论》一文中以行星运行规律描绘了文艺的"自由"特征，他说道："在宇宙系统中每一个单独的行星一面自转，同时又围绕太阳运转，同样，在自由的系统中，各界也是一面自转，同时又围绕自由这一太阳中心运转。"① 这说明了文艺首先是相对独立的"自由系统"，它有着"自转"客观规律；但更重要的是，文艺并不是孤立地、绝对自由地运行着，文艺也在"公转"。文艺工作者、创作环境、客观对象以及文艺自身内部各要素彼此之间相互关联，从而构成一个相互影响、相互联系、相互制约的有机统一体。文艺创作自由有其客观规律，创作自由并非无限制自由，创作自由必须在一定范围内。

文艺创作是自由的。创作自由是指文艺工作者在进行文艺创作时拥有创作自主权和自由选择权。文艺创作不是重复劳动，不是机械生产，文艺创作是复杂的精神劳动，具有鲜明的个性特征，要求发挥个体的主观能动性，为此必须给文艺工作者以独立自主创作的权利和空间。这种自由表现为文艺工作者能够自由地表达内心的想法、情感和观点，能够自主选择主题、题材、形式和风格，能够自主抉择创作方式、过程和目的等。在赋予文艺工作者以创作自由的同时，也要求文艺工作者应当摆脱外界的束缚和压力，追求真实、创新和个性，以实现自己的艺术追求和创作理想。

创作自由并非无限制自由。文艺工作者拥有创作和传播文艺作品的自由，但这种自由肯定是有边界的自由。马克思主义经典作家充分尊重文艺工作者的创作自由，但也强调这种自由是有原则的。列宁就曾指出："每个人都有自由写他所愿意写的和说他所愿意说的一切，没有丝毫的限制。但是每个自由的结社（党也包括在内）同样也有自由赶走利用党的招牌来鼓吹反党观点的成员。"② 列宁在这里强调的是文艺工作者既有创作自由，但是也要坚持人民的领导和服从人民的监督。文艺工作者在享有创作自由的同时，不仅要承担相应社会责任，更要坚持以人民为中心的创作导向和政治立场。文艺工作者应当关注社会问题，传递正能量，引导社会向正确方向发展；文艺工作者应当参与社会事务，关心民生福祉，维护公共利益；归根结底，文艺工作者应当以人民群众喜闻乐见的艺术表达方式塑造人物、编织情节、叙述故事、传递精神。此外，文艺工作者还必须遵守国家法律法规，自觉遵守道德规范，避免对他人造成伤害或对社会产生不良影响。

文艺创作具有倾向性。文艺创作本身带有一定的主观色彩，因而文艺作品具有一定的倾向性。马克思、恩格斯非常重视文艺的倾向性，主张没有倾向，就没有立场。1885年11月26日，恩格斯在致敏娜·考茨基的信中明确指出："我决不是反对倾向诗本身。悲剧之父埃斯库罗斯和喜剧之父阿里斯托芬都是有强烈倾向的诗人，但丁和塞万提斯也不逊色；而席勒的《阴谋与爱情》的主要价值就在于它是德国第一部有政治倾向的戏剧。现代的那些写出优秀小说的俄国人和挪威人全是有倾向的作家。可是我认为倾向应当

---

① 马克思.第六届莱茵省议会的辩论（第一篇论文）[M]//马克思恩格斯全集：第一卷.北京：人民出版社，1956：86.

② 列宁.列宁论报刊[M].北京：中国人民大学出版社，1958：80.

从场面和情节中自然而然地流露出来，而不应当特别把它指点出来；同时我认为作家不必要把他所描写的社会冲突的历史的未来的解决办法硬塞给读者。"①可见，马克思、恩格斯不仅强调文艺工作者在创作时应当带有倾向性，而且主张这种倾向不是向受众强加和硬塞，而是需要以人民为中心，让人民自己去理解、消化和领悟。

列宁继承了马克思、恩格斯关于文艺创作倾向性的思想，进一步提出文艺创作的党性原则。列宁在《党的组织和党的出版物》一文中强调"写作事业不能是个人或集团的赚钱工具"，"写作事业应当成为无产阶级事业的一部分，成为由整个工人阶级的整个觉悟的先锋队所开动的，一部巨大的社会民主主义机器的'齿轮和螺丝钉'。"②列宁的论断表明，文艺工作者在题材选择、手法运用等方面拥有自由发挥的权利和空间，但这种创作自由并不是绝对的。在列宁看来，只有以无产阶级党性原则武装起来的文艺工作者才是真正自由的文艺工作者，只有遵循着党性原则创作的文艺作品才是真正自由的文艺创作。

中国共产党人吸收列宁的文艺党性原则，创造性地提出了以人民为中心的文艺创作立场。1942年，在延安文艺座谈会上，毛泽东明确要求文艺工作者"要站在党的立场，站在党性和党的政策的立场"③。进入新时代，习近平总书记在文艺工作座谈会上进一步强调："党的领导是社会主义文艺发展的根本保证。党的根本宗旨是全心全意为人民服务，文艺的根本宗旨也是为人民创作。"④如果说没有创新的文艺是不流之水，那么没有人民立场的文艺就是无根之木。

创作自由对文艺自身发展具有重要的推动作用。有倾向性、有党性、有人民立场的文艺创作自由才能使文艺工作者找对文艺创作的正确方向。创作自由有助于激发文艺工作者的创造力和表达能力。当文艺工作者拥有自主权和自由选择权时，他们更容易发挥个性，更容易迸发出独特的创作灵感，更容易创作出反映多姿多彩社会现实的作品。创作自由为文艺工作者提供了广阔的创作空间，使他们能够发掘新的创作主题、尝试新的艺术形式、探索新的创作思路，从而推动了文艺创作内容和方式的不断创新和发展。创作自由有助于推动文化多样性和艺术交流。创作自由为不同地域、不同文化背景的文艺工作者提供了交流和合作的平台，促进了跨文化的文艺交流和对话。

2.3.2 "美学和历史的"文艺批评

文艺创作的高质量发展，离不开文艺批评的深度介入。文艺批评的任务就是帮助文艺工作者发现问题，提升文艺创作水平。马克思在《资本论》第一版序言中，本着高度的科学精神和严谨的研究态度，诚恳地说道："任何的科学批评的意见我都是欢迎的。"⑤毋庸置疑，文艺创作者当然要虚心接受人民群众和同行同事的批评。但是，文艺批评是有标准、有原则的。马克思主义文艺批评的总原则是美学和历史的观点的统一，

---

① 恩格斯. 致敏娜·考茨基 [M]// 马克思恩格斯全集：第三十六卷. 北京：人民出版社，1974：385.
② 列宁. 党的组织和党的出版物 [M]// 中共中央马克思恩格斯列宁斯大林著作编译局. 列宁选集：第1卷. 北京：人民出版社，1995：663.
③ 毛泽东. 在延安文艺座谈会上的讲话 [M]// 毛泽东选集：第3卷. 北京：人民出版社，1991：848.
④ 习近平. 在文艺工作座谈会上的讲话 [M]// 中共中央宣传部. 习近平总书记在文艺工作座谈会上的重要讲话学习读本. 北京：学习出版社，2015：31.
⑤ 马克思. 第一版序言 [M]// 马克思恩格斯全集：第二十三卷. 北京：人民出版社，1972：13.

即用美学的观点和历史的观点来审视和评价文艺作品，以促进文艺批评的健康发展。

1847年，恩格斯在《卡尔·格律恩〈从人的观点论歌德〉》一文中，明确提出："我们决不是从道德的、党派的观点来责备歌德，而只是从美学和历史的观点来责备他；我们并不是用道德的、政治的或'人的'尺度来衡量他。"①恩格斯在这里是用客观的"美学和历史的观点"来评价歌德，而不是用狭隘的"道德的""党派的"观点"责备"歌德，这一方法也为马克思所认可和运用。1859年，马克思在评价拉萨尔的《弗兰茨·冯·济金根》时，指出："这纯粹是形式问题——既然你用韵文写，你就应该把你的韵律安排得更艺术一些……革命中的贵族代表——在他们的统一和自由的口号后面一直还隐藏着旧日的帝国和强权的梦想——不应当象在你的剧本中那样占去全部的注意力，农民和城市革命分子的代表（特别是农民的代表）倒是应当构成十分重要的积极的背景。这样，你就能够在更高得多的程度上用最朴素的形式恰恰把最现代的思想表现出来。"②马克思从形式和内容上运用了"美学和历史的观点"，强调"韵体安排"彰显美感节奏，而"最现代的思想"属于历史的要求，可惜拉萨尔把它全放到宗教自由上去了，歪曲了历史真相。

如果对马克思、恩格斯"美学的历史的观点"进行总结，我们可以认为，所谓美学的观点，是从文学和艺术方面来考察文艺作品，要求在文艺批评中注重文艺作品的审美特性和审美规律，包括重视文艺工作者的创作个性和审美体验，重视文艺作品的艺术形象、情节结构、表达技巧和语言特色等，旨在从深层次把握文艺作品的审美意蕴和美学价值。所谓历史的观点，是从历史唯物主义的理论高度来解释文艺的本质特征，强调在分析文艺作品时，需要把文艺作品放到其所诞生的社会历史条件下考察，看其是否反映社会历史内容和时代发展趋势，从而揭示现实社会关系的真正本质。

列宁创造性地继承和发展了马克思、恩格斯辩证的文艺批评。列宁从时代矛盾斗争的历史出发，对文艺工作者和文艺作品的倾向和价值进行了综合辩证的分析和评价。1908年托尔斯泰80寿辰时，俄国报刊刊满祝寿文章、书信和简讯。列宁毫不客气地指出这些书刊充满了"官方的和自由派的"伪善，"前一种是卖身投靠的无耻文人露骨的伪善，他们昨天还奉命攻击列·托尔斯泰，今天却奉命在托尔斯泰身上寻找爱国主义，力求在欧洲面前遵守礼节"；自由派的伪善"巧妙得多，因而也有害得多、危险得多"。③因为自由派不会从俄国革命性质、革命动力去分析托尔斯泰的作品，只会用伪善的言论和空谈来回避人们关心的问题。列宁主张把托尔斯泰及其作品放在俄国革命和现实生活中，从俄国革命性质、动力的角度进行对照分析，揭示其观点中的矛盾性。

列宁在马克思、恩格斯"美学和历史的观点"基础上，进一步提出人民性的文艺批判标准。列宁强调："艺术属于人民。它必须深深地

---

① 恩格斯.卡尔·格律恩《从人的观点论歌德》[M]//马克思恩格斯全集：第四卷.北京：人民出版社，1958：257.

② 马克思.马克思致斐迪南·拉萨尔[M]//马克思恩格斯全集：第二十九卷.北京：人民出版社，1972：572-573.

③ 列宁.列夫·托尔斯泰是俄国革命的镜子[M]//中共中央马克思恩格斯列宁斯大林著作编译局.列宁选集：第2卷.北京：人民出版社，1995：241.

扎根于广大劳动群众中间。它必须为群众所了解和爱好。它必须从群众的感情、思想和愿望方面把他们团结起来并使他们得到提高。它必须唤醒群众中的艺术家并使之发展。"① 在这里，列宁强调的是人民对艺术拥有天然的权利，艺术产生和发展的最根本的源泉、最深厚的根基在于最广大的劳动群众生活之中，离开了最广大的劳动群众的生活，艺术就成了无源之水、无根之木。总的来说，列宁立足于马克思、恩格斯"美学和历史的观点"，根据俄国革命斗争任务，把文艺作品与俄国社会现实结合起来分析，以党性、人民性、真实性、艺术性统一作为文艺价值评估的标准。

中国共产党人实现了马克思主义文艺批评理论的中国化，创造了中国化的文艺批评标准。毛泽东深刻阐明了文艺批评的两个标准——政治标准和艺术标准——的辩证统一。他指出阶级社会中的任何阶级都"总是以政治标准放在第一位，以艺术标准放在第二位的"。无产阶级文艺作品首先必须"检查它们对待人民的态度如何，在历史上有无进步意义，而分别采取不同态度"。这意味着文艺不能脱离群众，文艺批评首先要衡量的是文艺作品是否符合人民群众利益，是否推动了历史进步。在此基础上，毛泽东进一步强调政治标准与艺术标准、内容与形式，革命的政治内容和尽可能完美的艺术形式是相互统一的。他强调："缺乏艺术性的艺术品，无论政治上怎样进步，也是没有力量的。因此，我们既反对政治观点错误的艺术品，也反对只有正确的政治观点而没有艺术力量的所谓'标语口号式'的倾向。"②

毛泽东文艺批评标准的观点是辩证统一的，政治与艺术标准自然有轻重缓急之分，但政治性与艺术性不可割裂，二者对于文艺作品缺一不可。

进入新时代，以习近平同志为主要代表的中国共产党人推动了马克思主义文艺批评理论的守正创新。2014年，习近平总书记在文艺工作座谈会上的重要讲话中，明确提出了要"把好文艺批评的方向盘，运用历史的、人民的、艺术的、美学的观点评判和鉴赏作品"。③ 这一论断是对马克思、恩格斯"美学和历史的观点"的继承和发展，是中国化、时代化的马克思主义文艺观，是习近平文化思想的重要组成部分。

美学的、历史的标准是马克思主义文艺观关于文艺批评的最基本的标准。人民的标准继承了列宁、毛泽东等人关于文艺批评的观点，也是习近平文化思想关于文艺批评的最核心的标准。它强调了广大文艺工作者要坚持以人民为中心的创作导向，因为"只有牢固树立马克思主义文艺观，真正做到了以人民为中心，文艺才能发挥最大正能量"④。具体来说，就是必须把人民放在心中最高位置，把人民满不满意作为检验艺术的最高标准。艺术的标准强调文艺要实现艺术创新和精益求精，代表了文艺创新的发展方向和具体内涵。习近平总书记关于文艺批评的标准为新时代中国特色社会主义文艺发展指明了方向。

2.3.3 文艺作品触动个体的情感与意识

文艺作品是人类文化的重要组成部分，是

---

① 中国社会科学院文学研究所文艺理论研究室.列宁印象记[M]//列宁论文学和艺术.北京：人民文学出版社，1983：435.
② 毛泽东.在延安文艺座谈会上的讲话[M]//毛泽东选集：第3卷.北京：人民出版社，1991：870.

③ 习近平.在文艺工作座谈会上的讲话[M]//中共中央宣传部.习近平总书记在文艺工作座谈会上的重要讲话学习读本.北京：学习出版社，2015：33.
④ 习近平.在文艺工作座谈会上的讲话[M]//中共中央宣传部.习近平总书记在文艺工作座谈会上的重要讲话学习读本.北京：学习出版社，2015：15.

对社会现实的客观反映。文艺源于生活而高于生活。文艺作品能够超越日常生活的限制，赋予我们的生活更多的美、意义和深度，丰富我们的文化和思想世界。优秀的文艺作品更能够反映社会生活和历史脉络，折射出人类文化的瑰宝和人性的深层面貌。同时，优秀的文艺作品能够反作用于社会存在，产生一定的社会影响力。欣赏文艺作品的过程就是文艺作品传递思想和情感的过程，是文艺作品引发受众思考和自省的过程，是作用于人民生活和社会的过程。

文艺作品能够触动人们的情感和意识。文艺作品通过情感表达和意识触动来引发人们的共鸣。1859年，马克思在致拉萨尔的信中就指出，《弗兰茨·冯·济金根》剧本"在我读第一遍的时候，它强烈地感动了我，所以，对于比我更容易激动的读者来说，它将在更大的程度上引起这种效果"①。在马克思看来，即便是剧本并不成功的《弗兰茨·冯·济金根》也有着"感动"受众的优点。优秀的文艺作品更能传递跨越时空的精神力量，触及人民心灵深处。

文艺作品通过情感表达引发人们的共鸣。文艺作为一种表达方式，在受众与作品之间搭起一座心灵的桥梁。文艺作品能够触动受众喜悦、悲伤、恐惧等丰富的情感，引起情感的共鸣。文艺工作者通过作品中的情节、人物、音乐、画面等元素，创造出丰富的情感体验，唤起受众的情感共鸣。通过共鸣，受众能够更好地理解作品所传递的信息和意义，进而反思自身的情感体验和生活经验。

文艺作品通过意识触动引发人们的思考和认知，文艺工作者通过作品中的主题、象征、隐喻等手法，激发受众的思考和想象力。文艺作品通过探索人类的存在、意义和价值，引发受众对生命、人性、社会等问题的深入思考。通过意识触动，受众能够超越表面的现象，思考更深层次的问题，拓展自己的认知和理解。毛泽东对此就曾生动描述道："革命的文艺，应当根据实际生活创造出各种各样的人物来，帮助群众推动历史的前进。例如一方面是人们受饿、受冻、受压迫，一方面是人剥削人、人压迫人，这个事实到处存在着，人们也看得很平淡；文艺就是把这种日常的现象集中起来，把其中的矛盾和斗争典型化，造成文学作品或艺术作品，就能使人民群众惊醒起来，感奋起来，推动人民群众走向团结和斗争，实行改造自己的环境。"②革命主题文艺作品将底层受压迫的人民群众的顽强反抗精神艺术性地反映出来并传递给受众，引起同样受压迫、受剥削人民群众的思考，唤醒他们的反抗精神。

文艺作品的意识触动还有助于个体的思考和认知。有益的文艺作品通过意识触动，唤醒人们的思考能力，引导他们思考生命的意义、人类的价值以及社会的问题。这种思考能够帮助个体拓宽视野，提高对自身和社会的认知水平。

文艺作品的情感表达和意识触动能够对个体产生积极的影响。"文章合为时而著，歌诗合为事而作"，优秀文艺作品一定用心、用情来关注实际生活，服务社会大众，传递正能量，因而欣赏优秀文艺作品能够升华人的灵魂，荡涤人的情感，解放人的思想。习近平总书记指出："文艺是给人以价值引导、精神引领、审美启迪的，艺术家自身的思想水平、业务水平、道德水平是根

---

① 马克思.马克思致斐迪南·拉萨尔 [M]// 马克思恩格斯全集：第二十九卷.北京：人民出版社，1972：572.

② 毛泽东.在延安文艺座谈会上的讲话 [M]// 毛泽东选集：第3卷.北京：人民出版社，1991：861.

本。"① 为了充分发挥文艺作品的情感表达和意识触动作用，必须提高文艺工作者思想素质和技能素质，培养一支高素质的文艺工作队伍，要求"文艺工作者要自觉坚守艺术理想，不断提高学养、涵养、修养，加强思想积累、知识储备、文化修养、艺术训练，努力做到'笼天地于形内，挫万物于笔端'"②。

文艺作品的情感表达和意识触动也会对社会产生积极影响。文艺作品通过情感表达和情感共鸣，打破了个体之间的隔阂和界限，促进人们之间的共情和理解。这有助于增强社会的凝聚力，推动社会的和谐发展。文艺作品通过意识触动，推动社会的变革和进步。文艺工作者通过作品中的意识触动，可以引导民众对于社会问题的反思和改变，为社会的发展提供新的思路和方向。

2.3.4 文艺创作与社会生活

习近平总书记《在文艺工作座谈会上的讲话》中指出："文艺是时代前进的号角，最能代表一个时代的风貌，最能引领一个时代的风气。"③ 文艺创作与社会生活之间存在着密切的互动关系，文艺创作源于社会生活又反哺社会生活。文艺创作既要关注一个时代的社会问题、反映人民的生活和命运，更要积极引导社会风气，推动社会进步。

文艺创作是社会生活的反映和表达。正如马克思和恩格斯所指出的那样，"不是意识决定生活，而是生活决定意识"④。而"作为观念形态的文艺作品，都是一定的社会生活在人类头脑中的反映产物"。社会生活是文艺创作的源泉。"人民生活中本来存在着文学艺术原料的矿藏，这是自然形态的东西，是粗糙的东西，但也是最生动、最丰富、最基本的东西。"⑤ 作为文艺创作土壤和源泉的社会生活提供了文艺创作所需要的素材和题材。文艺作品往往从社会生活中汲取灵感，反映人民的生活、生产劳作及其蕴含的情感和观念。文艺工作者通过文艺创作方式描写社会生活，既能表达创作者本人更能表达描写对象的所思所想，以此来传递对社会的理解和关切。文艺作品描写的人物、情节和思想内涵应当源自社会生活，文艺创作应当关注社会问题、反映人民的生活和命运。

文艺创作与社会生活的关系不是单向的。社会意识在反作用于社会存在的同时还具有相对独立性，优秀的文艺作品能够对社会生活产生积极向上的影响。恩格斯在《致敏娜·考茨基》中就曾指出："一部具有社会主义倾向的小说通过对现实关系的真实描写，来打破关于这些关系的流行的传统幻想，动摇资产阶级世界的乐观主义，不可避免地引起对于现存事物的永世长存的怀疑。"⑥ 坚守以人民为中心立场的文艺工作者创作具有人民性的文艺作品，让人们更加深入地认识和思考社会的问题和挑战，推动社会的变革和进

---

① 习近平. 在文艺工作座谈会上的讲话 [M]// 中共中央宣传部. 习近平总书记在文艺工作座谈会上的重要讲话学习读本. 北京：学习出版社，2015：13.
② 习近平. 在文艺工作座谈会上的讲话 [M]// 中共中央宣传部. 习近平总书记在文艺工作座谈会上的重要讲话学习读本. 北京：学习出版社，2015：13.
③ 习近平. 在文艺工作座谈会上的讲话 [M]// 中共中央宣传部. 习近平总书记在文艺工作座谈会上的重要讲话学习读本. 北京：学习出版社，2015：6.

④ 马克思，恩格斯. 德意志意识形态 [M]// 中共中央马克思恩格斯列宁斯大林著作编译局. 马克思恩格斯文集：第一卷. 北京：人民出版社，2009：525.
⑤ 毛泽东. 在延安文艺座谈会上的讲话 [M]// 毛泽东选集：第三卷. 北京：人民出版社，1991：860.
⑥ 恩格斯. 致敏娜·考茨基 [M]// 马克思恩格斯全集：第三十六卷. 北京：人民出版社，1974：385.

步。正如《共产党宣言》唤醒了19世纪欧洲的无产阶级，给探索救亡图存之路的中国人指明了新的方向一样，《义勇军进行曲》一经传唱就激发了全面抗战时期各界民众的爱国热情，促进各族人民投身于抗战救亡的运动中。

文艺创作具有批判社会现实和揭示社会问题的能力。文艺工作者在创作过程中扮演着社会的观察者和批判者的角色。文艺工作者扎根基层，深入人民群众的生产生活一线，能够直接观察和思考社会生活问题，反映社会的历史、文化、政治、经济等方面的特征和变化，展现社会的多样性和复杂性，揭示社会的弊端和问题，对社会现象进行批判和反思。中国历史上第一篇白话文小说——《狂人日记》——就是揭示社会问题和抨击社会现实的一部佳作。鲁迅先生将自身"行医"救国的亲身感受通过"狂人"的形象以及"狂人"的自述式描写充分表达，揭示了封建礼教"吃人"本质。

文艺作品通过情感共鸣和思想启迪，能够激发人们对社会问题的关注和思考。同时，文艺作品也能够传递积极向上的价值观和人生态度，激励人们追求真善美、追求理想和幸福。当然，文艺作品的影响力和社会价值也在一定程度上取决于作品本身的质量和深度，以及文艺工作者对社会问题的敏感度和理解力。文艺作品影响人的思想在早期中国共产党人身上体现得尤为明显。刘少奇回忆说："通过阅读《共产党宣言》，我了解共产党是干什么的，是怎样的一个党，我准备不准备献身于这个党所从事的事业，经过一段时间的深思熟虑，最后决定参加共产党，同时也准备献身党的事业。"[1] 可以说，正是《共产党宣言》这部科学洞见人类社会发展规律的经典之作，唤醒了早期共产党人的初心与使命。

文艺创作与社会生活的相互作用还体现在文艺创作的受众和社会反响上。受众的反应和回应对文艺工作者的创作和表达产生着影响。他们通过与受众的互动和对话，能够更好地理解社会的需求和期待，进而调整和改进自己的创作。文艺只有通过不断与社会互动，不断接受新的挑战，不断反馈人民声音和反映社会现实，才能发挥文艺引领时代进步的作用，才能保持旺盛生命力。

总之，文艺创作与社会生活之间存在着紧密的互动关系。文艺作品既源于社会生活，也对社会生活产生着深远的影响。我们应当重视文艺创作与社会生活之间的互动关系，为文艺工作者提供自由的创作空间，引导正确的文艺批评，推动文艺与社会的良性互动，促进文化事业与文化产业繁荣发展，以高质量的文艺作品满足人民日益增长的精神文化需求。

---

[1] 黄祖琳. 青年刘少奇 [M]. 北京：中央文献出版社，2012：95.

第 3 章　马克思、恩格斯的文艺发生发展论

马克思和恩格斯不仅对文艺的本质做了深度揭示，而且对文艺的发生和发展规律做了阐释。马克思、恩格斯不是从普通视角来考察文艺的产生和发展，而是从辩证唯物主义、历史唯物主义的角度出发，对文艺的发生、发展作出解释，最终从根本上探索文艺的起源和发展规律。

3.1　关于文艺起源的各种观点

艺术起源的原因是多元化的：原始的巫术活动是艺术发生的重要"契机"；人类的生产实践是艺术发生的社会学根源。另外，游戏、意识、语言文字等也都是艺术起源不可或缺的前提条件。马克思的艺术起源于劳动说在国内学术界广泛传播与被接受。只有正确认识和掌握了马克思主义文艺理论，才能对各种艺术起源说进行辩证地理解和把握。

3.1.1　文艺起源于模仿

古希腊人较早对文艺的起源做了探讨，他们认为文艺来自人类的模仿本能。文艺起源于人类对客观世界的模仿。古希腊哲学家认为文艺是对自然的模仿。人们最初模仿动物，从蜘蛛结网学会了织布缝补，从鸟类歌唱学会了唱歌。模仿是人们生来就具备的本能。即便"模仿"成了哲学术语，但是它的内涵依然没有最终确定下来，它的涵盖范围太广，无论是模仿的对象还是模仿的行为，都只是"模仿论"一个很小的构成部分。作为最古老的文艺理论之一，模仿涉及文艺本质、文艺和现实的关系、文艺家的地位等诸多问题。而"文艺模仿自然"的观念早在古典时期就在理论界荡起涟漪，在思想家中产生了不同的理解，其中涉及对于文艺、自然的定义，文艺不仅局限于视觉文艺，更类似于技艺，自然包含着物质世界，蕴藏着万物生长的原动力。所以，在古典认知中，文艺不仅模仿着自然世界的功能与外观，同时也从自然中汲取着规律和原则。

柏拉图和亚里士多德用"模仿论"系统地解释了文艺本质的问题，奠定了西方文艺模仿自然的基础，以后出现的各种各样的模仿理论都由此演绎发展而来。柏拉图的"模仿论"巧妙地把文艺模仿的精义与"理念论"相结合，认为文艺模仿理念的现实，这种模仿是对物质世界感性事物的简单临摹。亚里士多德的"模仿论"是他美学理论中最有影响力的部分，在一定程度上，他把文艺理解为对自然的模仿，但这个"模仿"概念

仅限于文艺领域的范畴，不像柏拉图的"模仿"概念那样宽泛。亚里士多德认为，模仿是文艺表现的一种重要手段，文艺家以自然为元素自由创作，文艺应该再现自然与生俱来却不为人所见之美。亚里士多德提倡文艺模仿自然要发挥文艺家的创造性和主观能动性，不是反映表层的现象，而是通过现象摹写本质。瓦萨里在《意大利艺苑名人传》的序言中指出："我们的文艺完全在于模仿，首先是模仿大自然，其次是模仿文艺大师的作品（单个人不可能在毫无帮助的情况下达到较高的文艺水平）。"

受苏格拉底的影响，柏拉图把模仿的范围扩大，把绘画、雕塑和诗歌文艺都纳入了模仿的范畴。在柏拉图的观念中，文艺是对客观现实的表象世界的复制和再现，表象世界是对理念世界的模拟，由此推知，文艺是对理念世界的二次模仿。在柏拉图的概念中，除现实世界之外，还存在一个真实的世界，也就是理式世界。理式世界是现实世界的本源，然而理式却并不存在于现实世界中，而是脱离真实世界独立存在的，在现实世界中人们所看到的客观存在只是理式世界的"模仿"。理式世界具有权威性、稳固性，理式世界的客观存在决定了现实世界的客观存在。基于此，可以说文艺家的创作和现实世界跨越了两层，最终作品是真实事物的"影子"的折射，是二次的模仿。亚里士多德对于"理式"世界的观点并不认同，他认为现实世界才应该是模仿的本源。在亚里士多德看来，模仿是人类与生俱来的本能，在模仿的过程中，人们能够得到快感。在亚里士多德的观念中，模仿是对现实世界进行一系列繁复处理的过程，是经过精心的情节安排和修辞后表现人物行动的文艺，不是对现实世界的简单照搬。这种融入了创作者个人经验和想象的创作也就意味着模仿物的价值会超过被模仿物。也正因为此，文艺家的模仿行为更加自由，可以自由接触现实世界，从而用自己的方式来表达现实世界。在表达现实世界的同时，人的精神世界得到净化与升华，情感得到表达和宣泄，由此获得快感，直到最后心灵逐渐回归平静，在这个过程中，审美熏陶和道德教育的目的得以实现。西方模仿论是在古希腊柏拉图和亚里士多德的基础上发展而来，在这之后的长达十几个世纪，模仿论盛行于西方文艺界，文艺复兴时期人们对模仿论的讨论达到顶峰，模仿论从最初的模仿自然发展到模仿理念、模仿前人，其内涵得到了极大的丰富。

18世纪，英国美术史上的杰出人物乔舒亚·雷诺兹多次阐述了"模仿观"的概念。乔舒亚·雷诺兹关于"模仿观"的一些文艺观点极具影响力，为古典主义在西方传统文艺史上的地位奠定了坚实的基础，对于如今的文艺学习与创作依然有着重要的借鉴和参考价值。在乔舒亚·雷诺兹"模仿观"中，青年文艺家必须认真学习自然和前人的作品，但他并不主张模仿现实中带有瑕疵和缺憾的大自然，而是倡导通过对古代大师的学习，掌握核心的美学理念，进而更加自然地展现自然。当然，这种理想化的美的表达需要文艺家有意识的参与，而不是僵化地模仿自然。

雷诺兹"模仿自然"的观念植根于前辈的文艺理念，他在前人的基础上做了相应的创新和发展，也给予了更加明确的阐释。雷诺兹在演讲中声明："只有对自然造物反复体会、细致比较，才能掌握这种观念，如果偏离此轨道，将会犯错。"雷诺兹笔下的"这种观念"指的是对美的形式的正确理解，即理想的美。他认为模仿是向大自然学习的有效方式和途径，文艺家通过对自然界的长期细致的观察而发现蕴藏在其中的缺点和不足，从而把握自然外物的真实状态，并通过自然的纠正，从而弥补缺陷，最终突破自然形态的限制，达到文艺家想要实现的理想美。唯有如此，文艺家才可以通过模仿自然抓住隐藏于表象之下的文艺本质，实现纯粹的、自然的理想美，从大自然中捕捉文艺灵感，表达个人理想，描摹美的物象，创作出富有真正美感的典范作品。

3.1.2 文艺起源于游戏

席勒和斯宾塞首次提出了文艺起源于游戏的学说。席勒认为人与动物的清晰边界就是人类拥有审美观，文艺和人类对自然的模仿当然存在直接的关系，但是那并不是推动文艺产生的真正力量。支持模仿冲动的是最原始的动力——游戏冲动。模仿的最初动力是游戏，模仿的最终结局也是游戏。因此，游戏冲动才是文艺产生的根本原因。席勒的"精力过剩"的观点解释了游戏冲动的产生原因。动物饱食后的跑跳、吼叫，蝴蝶、蜜蜂在花儿上的翩跹起舞，鸟类鱼虫的欢呼雀跃等都是在满足了基本的生理需求以后的、精力过剩的游戏。而人类的高级之处在于，精力过剩的状态下，人会追求自身的审美需要、追求装饰、追求愉悦的精神生活。因此，没有规则的运动、跳跃逐渐有了律动，成为有规则的舞蹈；发乎于情、兴奋导致的呼喊逐渐发展成了优美动听的歌曲。

英国学者斯宾塞对席勒的观点做了进一步的阐释，他认为游戏、文艺都是人类过剩的精力的宣泄，美感来自游戏冲动。从他的观点来看，游戏虽然没有起到直接维持生活的作用，没有为人类带来直接的利益，但是在游戏中，人们的各种感官、思维都得到了相应的锻炼，情绪得到了舒缓，这对于身心健康和生存能力的提升是大有裨益的。

恰如动物世界之中的追逐嬉戏，其本质也是一种假装的搏斗，低等动物决斗的最终目的是争取食物，从而维持生存。人作为高级动物，由于基本的生存需要得到了满足，机体中储存了一些多余的能量，这些多余的能量需要一个恰当的出处，而动物的游戏恰好满足了这个要求，因此说人类的游戏是剩余能量的一种非自然练习。动物之间的游戏其实是对食物的追逐表演。儿童游戏其实是对成年人生活场景的表演。成年人的审美活动本质上也是游戏。被我们称为"游戏"的一些活动实际上也是剩余精力的一种释放，是生理需求满足之后的精神生活和审美需要。游戏没有用任何的直接方式来推动生命进程，但是它又是人类生活中的重要构成部分。

从某种程度上来说，游戏说简单明了地阐述了文艺起源的主体方面原因，认为文艺起源于游戏，这种观点在当时是进步的，但它也有不足之处。游戏说侧重于从生物学、生理学的角度来分析游戏和文艺，但它却忽略了其他的社会因素的影响。从社会层面来讲，文艺与功利和社交都是不可分割的，包含有丰富的社会实践、社会性内容。因此，游戏说本身也是一个不够完善的、超历史的抽象概念。

3.1.3 文艺起源于交流思想和感情的需要

与主张文艺起源于巫术的理论不同，欧美的一些现当代美学家——如英国诗人雪莱、俄国文艺家列夫·托尔斯泰等——认为文艺起源于交流思想和感情的需要。持这种学说的人认为，文艺的产生是因为人类表达思想、交流情感的需要，而表现情感则是文艺最主要的功能，也是文艺产生的主要推动力。从这个学说的角度来看，人类初始的文艺的发生唯一推动力就是他们需要通过各种文艺方式来抒发、表达他们的情感。例如，托尔斯泰认为："文艺起源于一个人为了要把自己体验过的感情传达给别人，于是在自己心里重新唤起这种感情，并用某种外在的标志表达出来。"种种"外在的标志"就是用声音、线条、动作、线条以及语言所表达出的文艺形象，通过这些文艺形象，人们将自己的感情传达出来，渲染气氛，让旁人感同身受。由此一来，文艺创作者将自己内心的情感熏陶了观众、听众，这就是客观的文艺活动。英国19世纪著名诗人雪莱说："一般说来，诗可以解作'想象的表现'，自有人类便有诗。人是一个工具，一连串外来和内在的印象掠过它，犹如一阵阵不断变化的风，掠过埃奥利亚的竖琴，吹动琴弦，奏出不断变化的曲调。""野蛮人（野蛮人之于历史年代，犹如儿童之于人生岁月）表达周围事物所感发他的感情，也是如此；语言、姿势乃至塑像的或绘画的模拟，不外是事物及野蛮人对事物的理解两者结合而成的表象罢了。"[①] 所以，我们不难理解文艺对于思想情感表达的作用和意义所在。

3.1.4 文艺起源于巫术说

鲁迅先生曾经这样评价西班牙阿尔塔米拉洞穴壁画"野牛"："画在西班牙的阿尔塔米拉洞里的野牛，是有名的原始人的遗迹，许多艺术史家说，这正是'为艺术而艺术'，原始人画着玩玩的。但这解释未免过于'摩登'，因为原始人没有19世纪的文艺家那么悠闲，他画一只牛，是有缘故的，为的是关于野牛，或者是猎取野牛、禁咒野牛的事。"鲁迅先生认为，原始人画这个野牛不是为模仿而模仿，他们画这个野牛是有目的的，为的是关于野牛，或者是猎取野牛，或者是禁咒野牛。这就关乎我们要论述的"文化起源于巫术"说。巫术文化始于原始社会狩猎时代，是生产力水平极其不发达的情况下先民们认识世界、探索自然的方式。当时人类的思考认知能力还较为低下，对于很多自然现象无法给予恰当的解释，在面对洪水猛兽、电闪雷鸣、四季更迭等自然现象时，先人们认为这一切都是冥冥之中某种神秘力量操控的结果，万物有灵是上天的赋予。而正是因为"万物有灵"，才有了"神灵"存在的必要。神灵和人之间的沟通纽带就是"巫"。作为信息传递者，"巫"把人类的愿望和需要传递给神灵。巫术信仰在中亚以及南北美洲普遍存在，在我国东北地区、西南少数民族中也颇为流行。巫术文化在中国可以追溯到先秦以前，商代就出现了以巫作为姓氏的现象。巫术文化在各方面对先民们的生活有着直接的影响。

英国著名人类学家爱德华·泰勒在《原始文化》一书中，就提出来，原始人思维的方式同现代人有很大的不同，对原始人来说，周围的世界异常陌生和神秘，令人敬畏。原始人思维的最主要特点是万物有灵。原始人认为河流是有灵魂的，所以水里面有龙王；山是有灵魂的，山有山神；土地是有灵魂的，所以有土地爷……所以山川草木、鸟兽虫鱼，在原始人看来都是有灵的。

英国著名人类学家弗雷泽认为，原始部落的一切风俗、仪式和信仰，都起源于交感巫术。他在著作《金枝》里面讲道，人类最早是想用巫术去控制神秘的自然界，这显然是办不到的，于

---

① 古典文艺理论译丛委员会. 古典文艺理论译丛（第1册）[M]. 北京：人民文学出版社，1965：77-78.

是，人类又创立了宗教来求得神的恩惠，所以就有了世界三大宗教。当宗教在现实中也被证明是无效的时候，最后人类才逐渐创立了各门科学，以此来揭示自然界的奥秘。

巫舞是原始祭祀仪式中一种重要的宗教仪式。巫师最主要的职能是"跳神"，即向神灵献祭。作为最初的舞蹈，"跳神"活动的基本形式是以祭坛为中心围成一个圆圈，使祭坛隔绝，成为独立舞台，从而创造出一种庄严神圣的气氛。一般情况下，巫师都是戴着专门制作的面具，身穿祭服，手中拿有法器，默念咒语，载歌载舞，时而癫狂，到了高潮阶段，观众也会随之手舞足蹈。在舞蹈节奏的带动下，跳舞的人随时都会沉浸到癫狂状态，在他们看来，这种运动带来的活力是巫职人员和神灵交流的结果。在舞蹈进行的过程中，还必须伴有歌唱和咒语朗诵，所以在古代，诗与音乐、舞蹈是不可分割的。宗教仪式在祭祀活动中非常重要，随着原始社会中巫术系统化的发展，在这些载歌载舞的巫术活动中，最原始的文艺意识开始萌生了。在人类对自然和神灵崇拜祭祀的过程中，舞蹈、音乐、美术等文艺形式萌生。另外，在一些部落的祭祀仪式中，人们会模仿各种动物的动作，会把各种植物的装饰刻画在岩壁之上，原始文艺的序幕由此拉开。在这些原始的文艺痕迹中，我们仍然能够感受到其中蕴藏着的强烈的宗教情怀。文艺产生的最初推动力是审美，巫师借助于各种文艺形式进行巫术仪式，从而提高了巫术的感染力，而文艺又在巫术的盛行中产生和发展。文艺和巫术仪式紧密融合、相辅相成、相融共生。因此，文艺在巫术活动中得以孕育，文艺最初起源于巫术文化。

3.2 文艺起源的"劳动说"

在马克思、恩格斯看来，文艺起源的条件可以归结为客观条件与主观条件两个大的方面，而无论是客观条件还是主观条件，都是生产劳动实践的产物。离开了以生产劳动实践为中介的主客体关系，就不能对文艺起源问题做出正确的解释。1844—1845年是马克思主义理论形成的一个重要时期，代表性的成果是马克思的《1844年经济学哲学手稿》。在这部手稿中，马克思从唯物主义、共产主义的角度批评了资产阶级经济学和资本主义制度。这部作品主要研究哲学和经济学的问题，其中涉及了一些美学的思想和概念，是马克思文艺学思想的线索。虽然没有形成完整系统，但一些学者认为，马克思主义文艺思想在这部作品中留下了系统且严谨的清晰烙印，虽然手稿没有完成，甚至有些地方发展不足，但它却包含了马克思、恩格斯文艺学体系的一些重要的文艺学和文艺思想，不容忽视。所以，《1844年经济学哲学手稿》被学者们看作是马克思主义文艺理论思想的起源。

3.2.1 文艺产生于劳动

马克思指出，之前存在的一切唯物主义，包括费尔巴哈唯物主义的最主要缺点是只能从直观的角度对客观事物进行理解和观照，而没有把它当作人的感性活动、当作人的主观实践去理解。马克思在《关于费尔巴哈的提纲》中指出："和唯物主义相反，能动的方面却被唯心主义发展了，但只是抽象地发展了，因为唯心主义当然是不知道真正现实的、感性的活动的。"① 机械唯物主义美学对周围的感性世界只能从直观的角度去解读，而不是把它视作人的感性活动、视作实践去理解。因此，虽然这种美学承认了美的客观存在，但不认为美是人类实践活动的产物。关于文艺的起源，马克思认为物质生产实践是唯物辩证法的客观基础，强调人在社会中的主导地位，分析了人在认识、感知和创造美的过程中的主导作用。马克思认为社会实践创造了客观世界，人类是有主观意识的主体，人类可以按照自己的主观意志去进行生产和创造，可以按照美的规律、按照心中的尺度去创造，去建设世界。在马克思的观念里，人类和动物的本质区别就在于能否劳动。人能够通过劳动改变自然，创造世界和历史。同时，在生产劳动中，人类可以对自己生产的产品提出审美要求，可以说，正是在劳动中，文艺才得以诞生。马克思认为，首先人们要从普遍性和抽象性的角度来把握劳动，不应该从绝对的直觉和狭隘的经验主义的角度去认识和理解劳动。劳动是决定人的本性的根本因素，文艺在劳动中诞生，劳动可以让人把和其完全不相融的自然界变得合乎人性，转化为可以用文艺进行表达的对象，转化为其本质力量的现实。其次，迄今为止，全部的世界史都是人类的劳动所创造的结果，人类全部的活动都是劳动。在劳动实践的发生、发展中，人的本质力量得到客观化，客观世界也因此得以诞生。最后，人类劳动为文艺的产生和发展创造了基本的物质条件，这也是文艺源于劳动的根本原因。作为物质世界的客观存在，大自然是人类从事实践的条件和客观对象。劳动就是人类主体驱动的对象化的实践活动。只有通过劳动实践，客观世界才能转化为人的主观力量，自然也才能演变为人的本质。在马克思的概念中，家庭、法律、宗教、国家、道德、科学研究、文艺仅是一些特殊的生产方式，它们要受一般生产规律的制约。

马克思说，世界运动的一般特征是社会性。世界上所有实践活动的第一性对象和物质基础是自然界。自然界如果不被人改造，会永远死气沉沉、缺乏生气。人类通过劳动实践把一个本来一片空白的、处处野蛮荒芜的无机自然界变成了颇具人性的、丰富多彩的、强大的、可感知的理性世界。另外，马克思对劳动边界做了界定。他认为，是劳动造就、生成了人类社会，因此，劳动的本质即人的本质。所有的社会生活和精神生活都是由劳动产生的。没有了劳动，整个社会就会失去灵魂、失去生命力。马克思认为，劳动实践决定了文艺实践和美学实践。如果没有劳动，任何实践、文艺和美学都只是没有生机、没有实质内容的躯壳。马克思在美学史上首次科学地提出了美是人类最基本的实践活动——劳动的产物。在美学史上，这个命题是关于美的本质理论的彻底变革。马克思主义美学的实践观点论述了人类通过社会劳动，依照美的规律对外在世界进行改造，创造美好的事物。马克思指出："动物只是按照它所属的那个种的尺度和需要来建造，而人却懂得按照任何一个种的尺度来进行生产，并且懂得怎样处处都把内在的尺度运用到对象上去；因此，人也按照美的规律来建造。"② 这是对劳动创造美这一观点的进一步说明。劳动促进了文艺审美心理的萌芽，这是文艺起源于劳动的直接原因。马克思认为，从理论角度来讲，大自然中存

---

① 马克思.关于费尔巴哈的提纲[M]// 马克思恩格斯全集：第三卷.北京：人民出版社，1960：3.

② 马克思.1844年经济学哲学手稿[M]// 马克思恩格斯全集：第四十二卷.北京：人民出版社，1979：97.

在的动植物、空气、石头和光等是自然科学研究的对象，也是文艺描摹的对象，更是人类精神的无机界，是人类意识的一部分，是需要人类意识加工才能享用的精神食粮。这意味着人和自然之间不仅有物质关系，又有精神关系，大自然同时为人类提供了物质营养和精神营养。

另外，马克思从人与动物之间的区别的角度阐述了文艺、美学和文艺产生于劳动的观点。与人类相同，动物也有基本的生理需要，筑巢、饱腹，但它们的实践活动仅是为了满足自身的生存需要，是谋生技能。而人类则不同，人类能够驾驭事物的内在规律，同时将自己内在的尺度运用到实践对象之中。人能够依照美的规律来建造。人的内在的尺度和动物所属的尺度不同。人类的劳动是要把自然物改造为合乎人的目的和需要的对象，这个劳动过程就是马克思所说的"把内在的尺度运用到对象上去"，"在劳动过程中，人的活动借助劳动资料使劳动对象发生预定的变化"。①石器、铜器、铁器，作为劳动工具，是人类的劳动资料，劳动者利用了这些"物的机械的、物理的和化学的属性"，通过劳动，使劳动对象"经过形式变化"，成为"适合人的需要的自然物质"。

人类的实践活动不仅为了生存，还为了愉悦地生存。满足了生存条件后，人类会从事精神生产，其衍生产品可以用来愉悦生活，这些精神生产的活动就是人类精神自由的表现。人类作为创造主体，在实践的过程中获得了生命的意义和乐趣。从马克思的视角来看，文艺和美学的本质与内在动机相同，我们可以认为，文艺和美学的生成要素蕴藏于劳动实践之中。马克思认为，自然界之所以富有人性，是因为人类的劳动把自然界变得富有人性趣味，审美与文艺就是"人的本质力量的对象化和具象化"的产物，文艺是为了适应人们精神生活和审美的需要，是在劳动实践中产生的美学。

3.2.2 劳动产生和发展出了美

马克思认为，唯有音乐能够激起人的乐感，而对于没有乐感的人来说，再美的音乐都是毫无意义的，因为没有乐感的耳朵不是音乐的对象。马克思在《1844年经济学哲学手稿》中指出："一方面为了使人的感觉成为人的，另一方面为了创造同人的本质和自然界的本质的全部丰富性相适应的人的感觉，无论从理论方面还是从实践方面来说，人的本质的对象化都是必要的。"②从这段话我们可以看出，人类感官对于审美的感觉的出现取决于人类的实践过程及结果，即人性化的自然。人性化的自然是人类美学的本质力量在现实中历史性地产生的过程。这说明在漫长的历史进程中，人类的审美是随时间不断地发展的，不是亘古不变的，因为人类的感官是人类平常生活实践与客观世界互相作用的整体表现。人类的审美感官是在漫长的岁月中，在自然和社会的相互作用下形成的，是对自然环境和社会环境的映射。马克思认为，人类意识产生的文艺和自然科学具有其特殊性，在人类的意识中，大自然中的一切，无论是植物、自然景观、水，还是其他天然资源，它们不仅是自然科学的研究对象，同时也是文艺创作的对象，它们所呈现出的各种形式是人类主观意识与客观环境互相作用的结果。

另外，人类通过物质资料生产，从自然界

---

① 马克思.资本论[M]//马克思恩格斯全集：第二十三卷.北京：人民出版社，1972：205.

② 马克思.1844年经济学哲学手稿[M]//马克思恩格斯全集：第四十二卷.北京：人民出版社，1979：126.

中获得生活必需的物质资料，通过文艺的实践从自然界获得精神营养。一言以蔽之，文艺从人类漫长的物质生产实践中产生，文艺和美学则是人类在对大自然主观改造的过程中，产生的文艺创作和美学思想。马克思认为，人类的社会实践和社会劳动改造着整个世界和自然界。在批判费尔巴哈看不到社会实践与社会劳动的作用时，马克思和恩格斯在《德意志意识形态》中说："他没有看到，他周围的感性世界决不是某种开天辟地以来就已存在的、始终如一的东西，而是工业和社会状况的产物，是历史的产物，是世世代代活动的结果，其中每一代都在前一代所达到的基础上继续发展前一代的工业和交往方式，并随着需要的改变而改变它的社会制度。甚至连最简单的'可靠的感性'的对象也只是由于社会发展、由于工业和商业往来才提供给他的。大家知道，樱桃树和几乎所有的果树一样，只是在数世纪以前依靠商业的结果才在我们这个地区出现。"①这里提及的不管是樱桃树，抑或是人类通过劳动改造过的大自然，都是人们世代的社会实践和社会劳动的结果。

黑格尔在他的论著《美学》中也谈及了人类劳动，但是他认为这些词语仅仅是代表人类的某种精神特质，没有意识到实践的意义。在《美学》中，黑格尔认为文艺创作是和客观事物及其实践性存在无关的一种纯粹的认识性活动。在谈及诗词时，黑格尔说："在诗里这种掌握，塑造形象和表达还是纯粹认识性的。诗的目的不在事物及其实践性的存在，而在形象和语言。"②黑格尔所认为的"事物的实践性存在"就是把事物看成可以满足主观需要的存在。因此，人对事物的实践性产生兴趣是因为受到主体需求的驱动而产生的一种有限的意志活动，这时的人只对客观存在的事物感兴趣，在这种情况下，人是没有自由的。如果超越了这种看待事物的方式，就意味着人要作为理性主体，去自由地观照事物的存在。然而，人作为理性主体的存在，指的是人作为主体，要去自由地观照客观存在的事物，而并非作为认识的主体去认识客观存在的事物。以诗歌为例，在黑格尔看来，诗歌的最终目的在于通过优美的语言将具体的形象传达给读者，优美的语言和具体的形象就是表达媒介，这种绝对的理性认知体是建立在主体需要的状态下才对客观事物存在的关心解读，达到了纯粹理性认识的自由。从这个角度出发，文艺创作的一个典型特点是对事物脱离了实践兴趣，成为纯粹的认识性活动。在谈及比喻手法时，黑格尔认为比喻就是从单纯的实践性兴趣中得到自由和解放，然后直观感受就变成了认识性的形象。在黑格尔的概念中，人在劳动实践中情感是不自由的，而人只有在抱有更高的实体性的旨趣时才能够对有限的实践性情感进行自由认知，也才能够进入到文艺创作自由的境界。

恩格斯论及旧石器时代史前洞穴壁画的原始文艺时，谈及了欧洲的一些洞穴里发现的工具，他认为由此可以看出文化的出现和发展与工具劳动产生与发展的直接关系："表明了文化发展的低级阶段：极其粗糙的石刀、无柄的梨形石锄或石斧、刮兽皮用的削刀、钻，所有这些都是用燧石做成的。"③马克思和恩格斯认为，文艺的起源

---

① 马克思，恩格斯.德意志意识形态 [M]// 马克思恩格斯全集：第三卷.北京：人民出版社，1960：48-49.
② 黑格尔.美学 [M].第三卷下册.北京：商务印书馆，1979：21.
③ 恩格斯.论日耳曼人的古代历史 [M]// 马克思恩格斯全集：第十九卷.北京：人民出版社，1963：478.

阶段开始于旧石器时代晚期，后来经过新石器时代，直到原始社会解体时期，在这长达几万年的时间区间里，充满着种种工具的第二个文化层被发现，经研究发现，这些工具产生年代较晚，所使用的材料也更加复杂，做工也更加精巧。在这里恩格斯所谈到的原始文艺大致处于冰河纪的文艺时期，是目前所知道的人类最早的文艺痕迹。根据摩尔根对人类史的分期法，马克思认为此时人类的文艺形式仍处于野蛮期低级阶段，伴随着人类劳动实践范围的扩大，一些高级的生产开始出现，编织、制陶、农耕等富有人类高级文明属性的生产发展起来，随之产生的，是个人的尊严情感、宗教的神圣崇拜。最原始的诗歌开始产生。到了原始社会晚期，人类的生产力水平大幅度提升，劳动范围进一步扩大，人类已经会制作陶器、铁器。恩格斯在《家庭、私有制和国家的起源》中说："野蛮时代高级阶段的全盛时期，我们在荷马的诗中，特别是在《伊利亚特》中可以看到。完善的铁器、风箱、手磨、陶工的辘轳、榨油和酿酒、转为手工艺的发达的金属加工、货车和战车、用圆木和木板造船、作为艺术的建筑术的萌芽、由雉堞和炮楼的城墙围绕起来的城市、荷马的史诗以及全部神话——这就是希腊人由野蛮时代带入文明时代的主要遗产。"①

从客观条件来说，任何文艺活动都是生产实践的衍生物。在马克思和恩格斯看来，人类的生产劳动也为文艺的产生提供了主观条件。文艺的创造是创造美，创造主体必须具有敏锐的美学洞察力和文艺天赋。富有美学洞察力是文艺创造的必要条件。但是文艺创造也离不开文字表达能力和想象能力，而这些能力的形成都离不开生产劳动。恩格斯在《劳动在从猿到人转变过程中的作用》中以人手与文艺的关系为例论证了文艺起源于劳动的观点："所以，手不仅是劳动的器官，它还是劳动的产物。只是由于劳动，由于和日新月异的动作相适应，由于这样所引起的肌肉、韧带以及在更长时间内引起的骨骼的特别发展遗传下来，而且由于这些遗传下来的灵巧性以愈来愈新的方式运用于新的愈来愈复杂的动作，人的手才达到这样高度的完善，在这个基础上它才能仿佛凭着魔力似地产生了拉斐尔的绘画、托尔瓦德森的雕刻以及帕格尼尼的音乐。"② 马克思、恩格斯认为，人类在从猿到人进化的几十万年中，先是学会了直立行走，后来又学会了制作工具，拥有了灵巧的双手，能够熟练运用语言，继而拥有了对文艺的感觉能力和想象力。

3.3 马克思主义文艺理论发展规律

马克思主义文艺理论发展规律的内容主要包括文艺形式和内容的内在关系、文艺创作的主体性和客观性、文艺与社会关系的规律以及文艺发展的不平衡性等几个方面。这些规律的存在和运作决定了文艺的发展轨迹和表现形式。了解并探索这些规律，对促进当代文艺的健康发展具有重要意义。

---

① 恩格斯.家庭、私有制和国家的起源[M]// 马克思恩格斯全集：第二十一卷.北京：人民出版社，1965：37.

② 恩格斯.劳动在从猿到人转变过程中的作用[M]// 马克思恩格斯全集：第二十卷.北京：人民出版社，1971：511.

3.3.1 马克思主义文艺理论发展规律的基本内容

马克思主义文艺理论发展的一般规律可以被理解为一种可以在不同历史时期和社会环境下普遍适用的文艺发展模式。马克思主义文艺理论规律的内容是对反映社会经济基础和上层建筑之间关系的文艺发展模式的呈现。在该模式中，文艺作为上层建筑的一部分，与社会生产力和生产关系密切相关，受物质条件和社会制度的制约。在《反杜林论》中，恩格斯曾经指出，古希腊的奴隶社会创造了古希腊的文化和文艺，奴隶制是古希腊科学、文化和文艺的土壤。后来，随着奴隶制的瓦解、封建社会的形成，欧洲中世纪的教会文艺开始出现。结合资本主义的生产方式特点，马克思剖析了资本主义的文艺，他认为资本主义和文艺是相对的，而解决这个敌对矛盾的唯一途径是实现共产主义。根据马克思的观点，在共产主义社会中，人的自我异化得到解除，人才能真正成为自由人。在这种情况下，文艺也才能真正表现人的力量。马克思和恩格斯曾经这样展望共产主义社会的文艺："而在共产主义社会里，任何人都没有特定的活动范围，每个人都可以在任何部门内发展，社会调节着整个生产，因而使我有可能随我自己的心愿今天干这事，明天干那事，上午打猎，下午捕鱼，傍晚从事畜牧，晚饭后从事批判，但并不因此就使我成为一个猎人、渔夫、牧人或批判者。社会活动的这种固定化，我们本身的产物聚合为一种统治我们的、不受我们控制的、与我们愿望背道而驰的并抹煞我们的打算的物质力量，这是过去历史发展的主要因素之一。"① 可见，马克思和恩格斯对于共产主义社会文艺的预见是基于人和社会的发展基础之上的，这是历史唯物主义的贯彻和运用。

马克思主义文艺理论发展规律强调了文艺形式和内容的内在联系。马克思认为，文艺的形式和内容是相互关联、相互作用的。文艺形式是文艺内在创作规律的表现，而文艺内容则是文艺形式传达出的主题和思想，两者共同决定了文艺作品的整体表达效果。马克思主义文艺理论发展规律注重文艺创作的主体性和客观性。马克思认为，文艺创作是一个既受到创作者个人主观能动性的影响，又受到社会历史条件、社会文化背景等客观因素的制约的过程。文艺创作的主体与客观性、环境的关系只有得到平衡，才能实现文艺创作的真实性，拓展文艺创作的深度。另外，马克思主义文艺理论发展规律还包括文艺与社会关系的规律。马克思认为，文艺是社会生活的一部分，其发展受到社会环境、经济基础、阶级关系等因素的影响。文艺在不同的历史时期和社会制度下，会呈现出不同的发展特点和表现形式。

马克思主义文艺理论发展规律强调了文艺发展的不平衡性。马克思指出，由于物质发展和社会结构变化，文艺发展在不同的历史时期和社会环境下存在不平衡的现象。不平衡性的存在不仅影响了文艺的创作和发展，也对社会环境产生着重要影响。

3.3.2 马克思主义文艺理论发展规律的实际运用

马克思主义文艺理论发展规律的实际运用主要体现在文艺教育领域、文艺创新领域和文艺批评领域。在文艺教育领域中，马克思主义文艺理论发展规律的实际运用是通过突出社会主义价值观的培养，注重学生文艺创作能力的培养以及

---

① 马克思，恩格斯.德意志意识形态[M]// 马克思恩格斯全集：第三卷.北京：人民出版社，1960：37.

提升文艺批评能力来推动文艺教育的发展。通过引导教师和学生认识到马克思主义文艺理论的价值，可以在文艺教育实践中增强文艺创作的内涵和文艺批评的深度，从而提升整个文艺教育体系的质量。在文艺创新领域，马克思主义文艺理论的实际运用是通过推动创新意识的培养、促进文艺创新的研发和支持创新型文艺机构的发展来推动文艺创新的发展。在当今社会中，创新已经成为推动文艺发展的重要力量，而马克思主义文艺理论通过对社会实践的深入分析和对文艺历史发展的回顾为当代文艺的创新提供理论指导和实践参考。通过对马克思主义文艺理论的实际应用，文艺创作者可以更好地把握社会需求和文艺发展趋势，创造出更有创意的、更高质量的文艺作品。在文艺批评领域，马克思主义文艺理论的实际运用是通过提供批评观点和批评方法，推动文艺批评的公平公正和专业化发展。马克思主义文艺理论强调文艺批评的社会责任和批评家的独立性，呼吁批评家关注文艺作品的社会效果和文化价值、关注文艺家对社会的反映和认知。通过运用马克思主义文艺理论，文艺批评家可以更加客观、全面地评价文艺作品，提供有助于推动文艺发展的批评观点和批评方法。马克思主义文艺理论的实际运用在文艺教育领域、文艺创新领域和文艺批评领域起到了重要的推动作用。通过运用马克思主义文艺理论，我们可以促进文艺教育的质量提升，推动文艺创新的发展，更有效地推动文艺批评的进行。当代社会环境下，需要我们更深入地研究和运用马克思主义文艺理论，以提升文艺发展的整体水平和质量。

1. 在文艺教育领域的运用

文艺教育的整体目标是培养学生的审美情操、文艺创造能力，使其能够在现实生活中更好地体验和创造文艺。首先，马克思主义文艺理论认为文艺教育应该注重培养学生的审美情操。马克思认为，文艺能够唤起人们的感觉、情感和联想，通过对文艺作品的欣赏和体验，人们可以培养自己的审美情操。因此，在文艺教育中，应该注重培养学生对文艺作品的欣赏能力，使他们能够真正理解并感受文艺之美。其次，马克思主义文艺理论强调文艺教育应该重点培养学生的创造能力。文艺的创造能力是学生提升和发展自身个性和创造力的重要途径。马克思认为，文艺家在创作中能够表达自己的情感和思想，通过文艺创作，人们可以自由地表达自己的内心世界。因此，在文艺教育中，应该注重培养学生的文艺创造能力，鼓励他们通过文艺创作来表达自己的想法和情感。

从马克思文艺理论的视角来看，文艺教育应该注重培养学生对文艺作品的批评能力。马克思认为，文艺作品是一种社会现象，它反映了社会的特点和局限性。通过对文艺作品的批评，人们可以认识和反思社会现象，进而推动社会的进步。因此，在文艺教育中，应该注重培养学生对文艺作品的批评思维和批判能力，使他们能够深入分析和评价文艺作品，从而提高自身的批判思维能力。

总之，文艺教育是马克思文艺理论在实际运用中的一个重要领域。通过在文艺教育中强调培养学生的审美情操、文艺创造力和文艺批评能力，可以帮助学生更好地理解和体验文艺，促进社会的文艺发展和进步。

2. 在文艺创新领域的运用

马克思主义文艺理论中的文艺创新观点具有重要的理论和实践意义。文艺创新是指在文艺领域中创造出具有独特性和前瞻性的作品和形式，通过突破传统观念和技巧，开拓新的文艺领域和表现方式。马克思在其文艺理论中强调了文艺创新的重要性，并提出了许多与之相关的观点和思想。马克思认为，文艺创新是社会发展进步的重要体现。社会的进步和变革需要不断推动文艺的创新，文艺作品的创新激发了人们的思维和感知方式，促进了人们对社会现象的深入思考和理解。文艺创新通过表达和传递独特的思想和情感，推动社会的发展和进步。另外，马克思认为文艺创新是对社会现实的批判和反思。文艺家通过文艺和文艺创新表达他们对社会现实的看法和态度，通过作品中的创新形式和内容传递对社会问题的关切和批评。文艺创新唤起了人们对社会存在问题的关注，引发对社会现实的反思和改革。

与此同时，马克思还强调文艺创新需要与社会发展趋势相适应。他认为文艺创新是社会发展的产物，应当与时俱进，与社会的发展趋势相契合。文艺家应当关注社会变革和时代文明的方向，通过文艺创新推动社会的进步和发展。在当代社会背景下，马克思的文艺创新观点依然具有重要的指导意义。随着科技的进步和社会的不断变革，文艺创新面临着新的挑战和机遇。文艺家们应当秉持马克思的创新观点，在科技与文艺的融合中不断探索创新的道路，推动文艺的发展和社会的进步。社会也应当给予文艺家良好的创作环境和支持，为文艺家的创新提供更加广阔的条件与空间。

总体而言，马克思的文艺创新观点对我们思考和理解文艺发展具有重要的意义。文艺创新是社会进步的反映和推动力量，在当代社会仍然具有重要的价值和作用。我们应当借鉴和运用马克思的文艺创新理念，不断探索新的文艺领域和表现方式，推动文艺的发展和社会的进步。

3. 在文艺批评领域的运用

马克思主义文艺理论的实际运用不仅限于文艺教育和文艺创新领域，在文艺批评领域也具有同样的指导价值。马克思主义文艺理论对文艺批评的观点和方法提供了启示价值。文艺批评作为一种对文艺作品进行评价和分析的活动，是深化和推动文艺发展的重要手段。

在文艺批评领域，马克思主义文艺理论的指导作用主要体现在以下几个方面：首先，马克思主义的文艺观提出了批评者应当关注文艺作品的社会历史条件和创作背景，而不是片面地追求主观情感和审美效果，这为文艺批评提供了新的视角和方法。其次，马克思主义的文艺创作观强调文艺家在创作中对社会现实的观察和批判。这对于批评者来说，意味着要从文艺作品中寻找和发掘其所表达的社会意义和价值。最后，马克思主义的文艺批评观强调批评者应当具备对文艺作品进行深入分析和批判的能力，而不仅仅是停留在表面的评论和赞美。

在具体实践中，马克思主义文艺理论的指导意义在文艺批评领域得到了广泛运用。批评者常常结合马克思主义的观点和方法，对文艺作品进行深入剖析，从而达到更为全面和深入的理解和评价。同时，在马克思主义的视角下，批评者也能够更好地把握文艺作品的社会历史内涵和当代意义，使其批评更具有说服力和指导性。

尽管马克思主义文艺理论在文艺批评领域具有重要的影响力和指导作用，但也面临着一些挑战。当前的文艺环境和现代文化对文艺批评提出了新的要求，外加西方文艺理论的影响，马克思主义文艺理论的进一步发展也面临着一些挑战。因此，马克思文艺理论需要与时俱进、兼容并包、创新改革，并应呼吁公正的评判态度，以适应新的文艺环境和社会需求。

未来，马克思文艺理论面临着更加复杂和多变的文艺环境。在新的文艺环境下，文艺批评需要更加综合和多样化的观点和方法，同时还应具备更加开放和包容的态度。在全球化背景下，马克思主义文艺理论需要与各种不同文化的文艺理论进行对话和交流，以更好地适应全球化的文艺发展趋势。在科技革新的时代，马克思主义文艺理论需要关注数字化和虚拟化的文艺形式，并积极寻求马克思主义与科技文艺的结合，以推动马克思文艺理论的应用和发展。

3.3.3 马克思主义文艺发展与物质发展的不平衡

1. 文艺发展与物质发展的不平衡的表现

不平衡性是指在某种系统或者关系中，各个方面或者要素之间在数量、质量、力度等方面存在着明显的不平等状态。在文艺发展与物质发展的关系中，不平衡性的定义则是文艺领域与物质领域之间存在的不平等状态。文艺作为表达和传递人类情感、思想与价值观的一种形式，与物质生产、科技进步以及社会经济发展等因素密切相关。首先，在实际的发展过程中，我们可以观察到文艺发展与物质发展之间存在着不平衡的现象。其次，文艺创作的内在价值与物质价值之间存在着不平衡。物质发展追求的是经济效益和利益最大化，在这种追求下，文艺的创作往往受到功利性的限制。文艺家面临着经济收益与文艺追求之间的冲突，文艺作品的陈旧化和市场化迅速增长，变得同质化。这种现象使得一部分文艺创作不再追求内在审美的价值，而更关注市场需求和商业利益，导致文艺创作的质量和深度受到一定程度的削弱。

诚然，文艺的发展是受经济发展支配的。但是经济并非文艺发展水平的唯一决定条件。对于此，恩格斯曾说："根据唯物史观，历史过程中的决定性因素归根到底是现实生活的生产和再生产。……如果有人在这里加以歪曲，说经济因素是唯一决定性的因素，那末他就是把这个命题变成毫无内容的、抽象的、荒诞无稽的空话。经济状况是基础，但是对历史斗争的进程发生影响并且在许多情况下主要是决定着这一斗争的形式的，还有上层建筑的各种因素……"[①] 文艺的发展是被经济基础决定的，但是，经济对文艺的约束并非直接起作用，中间会有经济、哲学、政治、宗教等各种因素穿插其中，这些因素也会左右文艺的发展方向和进程，恰如恩格斯在《致符·博尔吉乌斯》（1894年1月25日）一文中所说："政治、法律、哲学、宗教、文学、艺术等的发展是以经济发展为基础的。但是，它们又都互相影响并对经济基础发生影响。并不是只有经济状况才是原因，才是积极的，而其余一切都不过是消极的结果。这是在归根到底不断为自己开辟道路的经济必然性的基础上的互相作用。"[②]

最后，文艺发展与物质发展的不平衡性还体现在人们的观念和价值取向上。随着资本主义的发展和市场经济的推广，物质价值逐渐被放大和夸大，而文艺的非物质价值却不被重视和理解。人们普遍认为，物质财富才是衡量个人和社会价值的真正标准，而对于文艺、文化和人文精神的追求则显得相对较少。这种价值取向的不平衡，

---

① 恩格斯. 致约瑟夫·布洛赫[M]// 马克思恩格斯全集：第三十七卷. 北京：人民出版社，1971：460.
② 恩格斯. 致符·博尔吉乌斯[M]// 马克思恩格斯选集：第四卷[M]. 北京：人民出版社，1972：506.

使得文艺在人们心目中的地位逐渐边缘化，甚至失去了原有的价值和意义。

文艺发展与物质发展之间存在着不平衡关系，具体表现为文艺发展与社会发展的不平衡、文艺创作的内在价值与物质价值之间的不平衡以及人们的观念和价值取向上的失衡。解决这种不平衡关系需要进行文艺教育改革，加强文艺与科技的融合，构建创新的文艺经济制度，使文艺在物质发展的同时得到充分发展和重视。只有平衡好文艺发展与物质发展的关系，才能使文艺与社会相互促进、共同发展，为社会的繁荣与进步贡献力量。

2. 文艺发展与物质发展不平衡的原因

文艺发展与物质发展的不平衡关系可以从多方面来理解和解释。

首先，不平衡性的原因主要来自社会经济结构和文化环境的差异。在古代社会中，由于生产力的不发达和社会制度的特殊性质，文艺发展受到了严重的限制。在中世纪，由于封建制度的盛行和宗教主导的价值观念，文艺表现形式受到了严格的限制和规范，无法自由发展。而在现代社会，由于科技和工业的发展，人们物质生活得到了极大改善，人们对物质需求的满足程度也大大增加。然而，文艺发展并没有同步跟进，往往处于被动的境地。这种不平衡关系的原因在于现代社会对物质生活需求追求过多，导致对文艺的重视程度不够，资源和投入的不足，限制了文艺的自由发展。同时，现代社会的大规模生产和大量消费也导致了文艺表达变得大众化和商业化，缺乏真正的创造力和独立思考。

其次，全球化和信息技术的发展使得文艺发展与物质发展的不平衡关系进一步加剧。信息的传播速度和范围的扩大，使得西方文化和文艺理论对于其他文化和文艺形式的影响日益显著。这种文化冲击和侵蚀导致了本土文艺有可能失去独特性，甚至丧失，文艺的创造和表达方式受到了限制和困扰。

为了解决文艺发展与物质发展之间的不平衡关系，我们需要采取相应的策略措施。首先，需要改革文艺教育体制，培养出具有创造力和独立思考能力的文艺人才；其次，需要将文艺与科技融合起来，推动文艺的创新和发展；最后，需要创新文艺经济制度，提供更多的资源和支持，保障文艺的持续发展。只有通过合理的机制和策略，才能实现文艺发展与物质发展的平衡，并为文艺的繁荣和发展提供更好的环境和条件。

3. 文艺发展与物质发展的不平衡的影响

不平衡性作为一种普遍存在的现象，对于文艺发展与物质发展之间的关系产生了深远的影响。

首先，不平衡性导致了文艺发展的不协调。在物质迅速发展的同时，文艺领域可能无法及时跟上步伐，导致文艺作品的品质和数量无法满足社会需求。这种不协调不仅表现在作品的数量上，还表现在作品的质量和创新程度上。文艺发展与物质发展之间的不平衡关系在一定程度上阻碍了文艺的发展。

其次，不平衡性影响了文艺创新的实施。在物质发展过程中，经济和科学技术等领域的进步往往比文艺领域更快，这导致了文艺创新的困境。文艺家和创作者可能会面临对新材料、新技术以及新理念的不熟悉，从而造成文艺创新的难度和风险增加。此外，物质发展带来的大规模生产和商业化倾向也容易成为文艺创新的阻碍，使得创作者更加倾向于迎合市场需求而非追求创造性的文艺表达。

最后，不平衡性对文艺受众产生了重要的影响。随着物质发展的进步，人们的生活水平不断提高，对各种文化产品的需求也不断增加。然而，因为文艺发展与物质发展之间的不平衡，文艺作品无法充分满足受众的需求和期望。受众可能会感到文艺作品与自身生活和价值取向之间存在一定的脱节，导致他们对文艺冷漠甚至失去兴趣。

不平衡性对于文艺发展与物质发展之间的关系产生了重要的影响。它既使文艺发展不协调，也影响了文艺创新的实施，同时对文艺受众产生了负面影响。因此，解决和缓解不平衡性对于促进文艺发展和提高文艺发展与物质发展的协调性具有重要意义。

4.不平衡关系的历史案例

古代社会是文艺发展与物质发展不平衡关系的一个历史案例。在古代社会中，随着人类社会的发展和进步，文艺开始扮演着重要的角色。然而，在古代社会的物质发展中，农业生产是占据主导地位的，而文艺相对较弱。由于物质生活的相对贫乏，人们的需求主要集中在生活的物质保障上，而文艺则成为奢侈品或者富贵人家的象征。

古代社会的文艺发展与物质发展的不平衡关系表现在社会地位的差异上。在古代社会中，文艺家的社会地位相对较低，往往被人们视为下层阶级。古代社会文艺发展与物质发展的不平衡关系也体现在文艺作品的生存状况上。在文艺市场方面，古代社会的文艺作品多数是为了满足特定人群的需求而存在的，并没有进行大规模的市场交易。同时，由于缺乏专业的文艺机构和市场机制，文艺作品的生存环境相对较差。许多文艺作品因为缺乏保存和传承的机会，最终消失在历史的长河中。古代社会的文艺发展与物质发展的不平衡关系并不意味着文艺的衰落。相反，正是古代社会物质生活的贫困和压抑，促使了一些文艺家通过文艺来表达内心的情感和精神的追求。

在古代社会中，文艺发展相对较弱，存在着社会地位的差异和市场机制不完善的问题。然而在某些特殊时代，社会的物质贫困并没有扼杀文艺的发展，如魏晋南北朝时期，战争频繁、物质的匮乏反而推动了一些文艺领域的繁荣。

欧洲的中世纪是一个重要的历史时期，对文艺发展和物质发展的不平衡关系产生了深远的影响。在中世纪，由于诸多原因，文艺发展与物质发展之间出现了不平衡的关系。首先，中世纪社会的政治体制和社会结构导致了权力和财富的高度集中，造成了社会阶级的分化。在这种社会背景下，文艺被迫依附于特定的阶级或政治势力，文艺创作的自由度受到了极大的限制，文艺家的才华和创造力无法得到充分发展。其次，中世纪社会的经济状况也对文艺发展产生了消极影响。在这个时期，经济主要以封建经济为主导，农业占据主导地位，商品经济发展相对较弱。这意味着在文艺领域，文艺家往往无法获得足够的经济支持和市场机会，文艺创作受到阻碍。加之中世纪社会的宗教信仰和道德观念对文艺有严格的规范，文艺家的创作范围和内容受到更多的限制。最后，中世纪社会的科技与文化水平相对较低，限制了文艺创新的空间和可能性。在这个时期，科技的发展相对滞后，文艺家们只能在有限的技术条件下进行创作。中世纪社会的文化观念也对文艺的发展产生了制约。相对保守的文化观念往往使得文艺作品无法突破传统的文艺表现形式和题材内容，创新力较弱。

中世纪社会的政治、经济、科技和文化等多

方面因素导致了文艺发展与物质发展之间的不平衡关系。文艺发展受到了阶级分化、经济落后和文化保守等诸多因素的制约，文艺家的创作自由受到了严重限制。这种不平衡关系的出现使得文艺的创新和发展受到了极大的阻碍，文艺创作的力量未能得到充分释放。因此，在解决这种不平衡关系的过程中，应当采取相应的措施，如改革文艺教育、推动文艺与科技的融合、创新文艺经济制度等，为文艺发展和物质发展的平衡提供可能路径。

现代社会是文艺发展与物质发展不平衡关系的一个重要历史阶段。在现代社会中，随着工业化、资本主义经济体制的发展和科技进步的推动，物质生产力取得了巨大的发展和进步，为社会带来了巨大的物质财富，人民的物质生活得到了极大的改善。然而，在这种高速发展的背后，文艺发展却面临着较大的困境和挑战。尽管现代社会中出现了一些新的文艺形式和流派，但在整体上，文艺领域的发展并没有跟上物质发展的步伐，没有真正满足人们对文艺的需求。

一方面，现代社会的物质发展加快了人们的生活节奏和增大了社会竞争的压力，导致人们对文艺的需求逐渐淡化。人们更加注重实用性和经济效益，而对于文艺的追求和关注有所减少。另一方面，现代社会的大规模工业化和商业化，以及媒体传播的飞速发展，导致文艺领域出现了大量的商业化文艺和大众化文艺，文艺变得越来越商业化和浅薄化，文艺的原创性和独立性受到了严重的冲击。这种情况下，文艺发展与物质发展之间的不平衡关系变得十分明显。

在解决这种不平衡问题时，我们应该通过文艺教育改革、文艺与科技的融合以及创新文艺经济制度等方面的措施，使文艺与物质发展保持同步，为文艺的健康发展提供更好的条件和环境。只有这样，文艺才能真正发挥其独特的作用。

马克思主义的文艺教育观点为现代文艺教育改革提供了重要的启示。马克思认为，文艺教育是社会主义教育的重要组成部分，它应该服务于整个社会主义社会的发展。对于马克思而言，文艺教育应该培养人们的人文素养和审美能力，使其能够真正享受和创造高质量的文艺作品。在马克思的眼中，文艺教育的目标不仅是传授技巧和知识，更重要的是培养人们的审美情趣和创造思维，使其成为独立思考的文艺家。

文艺教育改革应当以马克思主义的观点为指导，注重培养学生的人文素养和审美能力。首先，文艺教育应该关注人文精神的培养，引导学生通过文艺作品来认识和理解人类社会的发展和进步，培养他们的人文关怀和社会责任感。其次，文艺教育应该注重培养学生的审美能力，通过让学生参与文艺创作和欣赏活动，提高他们对美的感知能力和判断能力，使他们能够真正欣赏和创造高质量的文艺作品。最后，马克思也强调文艺教育应该注重培养学生的创造思维和创新能力，使他们能够不断创造出符合时代需求的文艺作品。

为了实现这些目标，文艺教育改革需要改变传统的教学模式，注重培养学生的主动参与和创造能力。课堂上，教师应该鼓励学生的自我表达和思考，引导学生动手实践和创作，让学生能够通过自己的实践来体验和理解文艺的魅力。同时，学校和社会应该提供多样化的文艺教育资源，为学生提供更广阔的发展空间，让他们能够接触到不同类型和风格的文艺作品，拓宽他们的文艺视野、挖掘他们的创造潜能。

文艺教育改革需要全社会的共同努力，只有

通过各方力量的整合和协作，才能实现马克思所倡导的文艺教育理念。政府应该加大对文艺教育的支持和投入，为文艺教育提供充足的资源和充分的条件。学校应该完善文艺教育体系，提高教师的教学能力和文艺修养，为学生提供优质的文艺教育服务。家庭和社会应该注重培养学生的文艺兴趣和能力，创造良好的文艺氛围和条件。

因此，文艺教育改革应该以马克思主义的文艺教育观点为指导，注重培养学生的人文素养和审美情怀，注重学生的创造思维和创新能力的培养。只有通过全社会的共同努力，才能实现文艺教育的全面发展和文艺事业的繁荣。

文艺与科技的融合是解决文艺发展与物质发展不平衡关系问题的重要方向之一。随着科技的进步和社会的发展，文艺与科技的融合成为当代文艺发展的一个热点话题。通过文艺与科技的融合，我们可以看到文艺在创新与发展中的活力，同时也能为科技创新提供新的思路和表达方式。

文艺与科技的融合不仅在文艺创作中扮演着重要角色，也在科技领域中产生了深远的影响。在文艺创作中，科技的应用给文艺家提供了更加广阔的创作空间和更加丰富的表现形式。例如，通过数字技术的应用，文艺家可以创造出更加绚丽多彩的视觉效果，让受众能够身临其境地感受文艺作品所传递的情感。同时，科技的进步也为文艺家提供了更加高效便捷的创作工具和平台，使得文艺创作过程更加灵活和自由。

除了在文艺创作中的应用，文艺与科技的融合也在科技领域中发挥着重要作用。通过与文艺的结合，科技的创新能够更好地满足人类的精神需求，提高科技产品的用户体验。例如，在虚拟现实技术领域，文艺的应用可以为用户带来更加沉浸式的体验，使虚拟世界与现实世界之间的界限变得模糊，给人们带来更加真实和丰富的感官体验。此外，文艺与科技的融合还可以激发科技创新的创造力和想象力，帮助科技创新更好地走向人性化和可持续发展的道路。

文艺与科技的融合对于解决文艺发展与物质发展不平衡关系问题具有重要意义。通过文艺与科技的融合，不仅可以推动文艺的创新与发展，同时也可以为物质发展提供新的动力和方向。文艺与科技的融合不仅是一种创新的路径，也是一种对传统文艺与科技的全新思考和探索。只有通过文艺与科技的融合，才能更好地促进文艺发展与物质发展的平衡，为当代社会的文化建设和科技进步作出更大的贡献。

创新文艺经济制度是解决文艺发展与物质发展不平衡关系问题的重要方向之一。在当代社会，文艺已经成为创造价值和实现经济增长的重要力量。然而，当前的文艺经济制度在应对快速变革的文艺市场和技术进步的挑战方面存在一定的不足。现行的文艺经济制度往往偏重于商业化和市场化导向，追求经济利益最大化，忽视了文艺的文化价值及精神价值。这导致文艺作品的同质化和商业化倾向增强，限制了文艺创作的多样性和创新性。

另外，现行的文艺经济制度在文艺家和文艺从业者的权益保护方面存在不足。文艺创作往往是个体或群体的劳动，文艺家的劳动价值和权益保护需要得到更好的重视。现实中，文艺家的创作过程、版权保护和收益分配等问题常常引发争议和纠纷，制约了文艺家的积极性和文艺创作的持续发展。

为了解决现存的问题，应当在文艺经济制度方面进行创新。首先，可以探索出一种更加多元化和包容性的文艺经济模式，强调文艺的文化和创造性，同时兼顾经济效益。这要求政府、文艺机构以及市场主体共同努力，建立有利于文艺发展的政策环境和市场机制。其次，还应建立起文艺家权益保护的有效机制，为文艺家提供公正的创作环境和合理的收益分配机制。这可以通过建立文艺家工作室、提供创作基金和版权保护等方式来实现。需要完善与文艺创作相关的法律法规，明确文艺家的权益和责任，为创作提供更加稳定和健康的土壤。

在创新文艺经济制度的过程中，需要重视文艺教育和文艺市场的规范。文艺教育应该注重培养人文素养和创新能力，努力培养出具有社会责任感和创新精神的文艺家和文艺从业者。文艺市场则需要建立起健全的评价机制和文艺作品交易规范，提高市场透明度和公正性。创新文艺经济制度是解决文艺发展与物质发展不平衡关系问题的必然要求。通过倡导多样性和创新性，加强文艺家权益保护和公平竞争机制的建立，可以推动文艺经济的健康发展，实现文艺发展与物质发展的协调与统一。只有这样，文艺才能持续创造出更多的经济价值和社会价值。

第 4 章 马克思主义的文艺生产与消费论

作为马克思主义文艺理论的重要构成部分，艺术生产理论是马克思主义经典文艺创作者对文学和艺术性质的进一步认知。从某种意义上说，艺术生产理论是马克思主义文艺本体论。在艺术生产理论的视角下，文艺活动是人类生产实践活动的一个分支，是一种生产实践活动。学习马克思主义艺术生产理论，对于我们认识以往不同时期的文艺作品、理解和掌握现代化视域下的文化、推进文化产业的发展具有重要的指导意义。

4.1 文艺是一种特殊的精神生产

马克思主义的艺术生产理论是建立在历史唯物主义的基础之上的。马克思主义文艺创作者既能看到艺术生产的一般普遍性，又能看到其精神生产的特殊性。在此基础上，通过对艺术生产与资本的关系进行历史辩证的分析，可以为当代艺术生产提供理论指导。

4.1.1 文艺创作的独特性与创造性

艺术创作，是指通过各种形式展现创意和想象力的过程。它不仅涵盖绘画、雕塑等传统艺术形式，还包括音乐、舞蹈、戏剧、电影等多元化的表现方式。艺术创作是人类文明发展的重要组成部分，它承载了历史、文化、信仰等多种元素，展现了人类对美好生活的追求和对未来的向往。在艺术创作的过程中，创作者需要充分发挥自己的才华和激情，将自己的思想和情感融入作品之中，这既需要扎实的技艺基础，也需要丰富的想象力和创造力。

艺术创作是一种特殊的精神生产，它具有独特的创造性和表现力。艺术家在创作过程中，将自己的思想、情感和审美理想融入作品之中，形成独特的艺术表现形式，这种表现形式不仅具有个体性，还具有社会性，因为它反映了社会的审美观念和价值取向。马克思在《1844 年经济学哲学手稿》中指出："宗教、家庭、国家、法、道德、科学、艺术等等，都不过是生产的一些特殊方式，并且受生产的普遍规律的支配。"[1]

艺术创作具有社会性，艺术家的创作不仅是个体意志的表达，也是对社会的一种反映。艺术作品不仅表现了艺术家的观念，也表现了产生这些观念时的社会状况。

---

[1] 马克思.1844 年经济学哲学手稿 [M]// 中共中央马克思恩格斯列宁斯大林著作编译局.马克思恩格斯文集：第一卷.北京：人民出版社，2009：186.

在艺术创作的过程中，艺术家不仅对世界进行深入探索和理解，而且通过自我价值的实现，将内心的思想、情感和审美理想呈现出来。这一过程不仅展现了艺术家独特的个性，也在一定程度上揭示了社会审美观念和价值取向的多元化。艺术创作是一个复杂且具有挑战性的过程。在这个过程中，艺术家需要不断挖掘自己的潜能，发现和认识世界的多样性。他们将个人的思想、情感和审美理想融入艺术作品中，使之成为表达个体价值观的独特载体。同时，艺术作品也在一定程度上反映了社会风貌、文化背景以及人们的共同价值观。人们通过劳动不仅创造了现实生活，还通过劳动创造了艺术作品。在这个过程中，艺术家在探索世界、实现自我价值的同时，也为社会提供了丰富的文化资源和审美体验。因此，艺术创作不仅是艺术家对世界的认识和理解，更是他们在自我实现道路上所留下的独特印记。

马克思主义关于艺术的观点，不仅强调了艺术创作的社会性，也尊重了艺术创作的个体性。艺术家在创作过程中，既要反映社会的审美观念和价值取向，也要保持自己的独特性和创造性。艺术创作既是一个社会的过程，也是一个个人的过程。马克思主义关于艺术的观点，为我们理解艺术创作提供了一个全面的视角，也为我们进行艺术创作提供了一个科学的指导原则。

首先，艺术创作是一种特殊的精神生产，因为它不仅需要艺术家具备高超的技艺，更需要艺术家具备独立思考和创新的能力。在创作过程中，艺术家不仅要反映现实，还要通过自己的理解和感受去塑造和改变现实，这就是艺术的独特性。艺术的独特性决定了艺术创作必须具有创造性，艺术家必须通过自己的创新来表达自己的思想和情感，以此来感染和影响观众。其次，艺术创作是一种具有创新性的精神生产，因为它是一个不断探索和发现的过程。艺术家在创作过程中不仅要挑战自己，更要挑战社会和传统，以此来推动艺术的发展和社会的进步。艺术家的创新精神是推动艺术发展的重要动力，也是艺术的价值所在。

马克思主义认为艺术创作是一种特殊的精神生产，它具有独特性和创造性。这种独特性和创造性是艺术的本质特征，也是艺术的价值所在。艺术家在创作过程中必须充分发挥自己的独特性和创造性，以此来推动艺术的发展和社会的进步。

4.1.2　艺术作品的精神内涵与审美价值

审美价值和精神内涵也是马克思主义对艺术的重要关注点。审美性是艺术的本质特征。虽然当今艺术的外延已被大大扩展，但审美价值依然是艺术作品最重要的价值。

英国文艺批评家克莱夫·贝尔（Clive Bell）在他的著作《艺术》中提出了一个重要观点："艺术是有意味的形式。"[①] 他认为艺术中必然存在某种特性，离开它艺术就不复存在，而这种有意味的形式就是审美感人的形式。俄国作家列夫·托尔斯泰在其美学著作《艺术论》中说："人们用语言相互传达思想，而人们用艺术相互传达情感。"[②] 艺术作品的精神内涵不仅体现了艺术家的独特视角和思考，也是艺术家与社会对话的桥梁，是社会风貌和个人情感的结合。

---

① 克莱夫·贝尔. 艺术 [M]. 薛华，译. 南京：江苏教育出版社，2005：4.
② 列夫·托尔斯泰. 艺术论 [M]. 张昕畅，刘岩，赵雪予，译. 北京：中国人民大学出版社，2005：39.

在 19 世纪，马克思主义诞生和发展的时期，欧洲社会正处于从封建主义向资本主义的过渡阶段，艺术领域也发生了深刻的变革。现实主义、浪漫主义、印象派、批判现实主义等不同的艺术流派和思潮纷纷出现，各领风骚，互相影响，共同推动了艺术领域的繁荣发展。

现实主义艺术注重描绘社会现实，反映社会生活，关注社会问题和阶级矛盾，通过揭示社会现象背后的本质，展现社会风貌。现实主义艺术家们力求真实地描绘人物和生活场景，反映社会的真实面貌，对社会进行批判和反思。他们关注普通人的生活，关注社会底层人民的命运，通过对社会现象的描绘，揭示社会问题和阶级矛盾。

浪漫主义艺术则强调表现艺术家的个性和情感，追求超越现实的理想和美感，通过对自然、历史、神话等题材的诗意诠释，传达情感。浪漫主义艺术家们强调情感的表达，追求个性和自由，他们用丰富的想象力，描绘出充满诗意和理想化的世界。他们关注人的内心世界，关注人的情感和精神生活，通过对自然、历史和神话的描绘，表达出对美好生活的向往和对现实的批判。譬如，印象派艺术以捕捉光与色为主要特点，强调对自然光线和色彩的瞬间表现，通过独特的技法和视角，给人以全新的视觉体验。印象派艺术家们将注意力转向光和色的研究，他们捕捉瞬间的光影变化，描绘出充满生机和活力的画面。他们用明亮的色彩和活泼的笔触，表现出对生活的热爱和对自然的赞美。

批判现实主义艺术则以揭示社会弊端和批判现实生活为主题，深刻地剖析社会现象，揭示社会矛盾，具有强烈的社会批判性和启蒙意义。批判现实主义艺术家们关注社会问题，关注人的命运，他们用尖锐的笔触，揭示社会的黑暗面，对社会进行批判和反思。他们希望通过艺术作品，唤起人们的觉醒，推动社会的进步。在这一时期，艺术领域呈现出多元化、多样化的特点，各种艺术流派和思潮相互竞争、相互借鉴，共同推动艺术的发展和创新。这一时期的艺术作品既反映了艺术家的个体精神世界，也展现了社会的共同价值观念，为社会风貌和个人情感的结合提供了丰富的表现形式。

艺术作品是艺术家对世界的观察和理解的具象化表现，它们反映了艺术家内心世界的思想和情感。在艺术创作的过程中，艺术家们将自己的思想、感情、审美观念以及对世界的看法融入作品之中，使作品成为表达他们个体价值观的独特载体。这些作品不仅展现了艺术家的独特视角和风格，也传达了他们对世界的理解和感悟。此外，艺术作品也在一定程度上反映了社会的审美观念、价值取向及时代精神。它们展现了某个时期或某个社会的审美趋势、价值观念以及人们的精神风貌。通过研究这些艺术作品，我们可以了解当时的社会背景、文化氛围以及人们的生活状态。同时，艺术作品也可以帮助我们理解和评价某个时代的精神风貌和审美特点。

艺术创作是一个复杂且充满挑战的过程。在这个过程中，艺术家需要不断挖掘自己的潜能，发现和认识世界的多样性。他们将自己的思想、情感和审美理想融入艺术作品中，使之成为表达个体价值观的独特载体。同时，艺术作品也在一定程度上反映了社会风貌、文化背景以及人们的共同价值观。艺术作品是艺术家与社会对话的桥梁，它们传达了艺术家对世界的看法，也反映了社会大众的共同价值观。

艺术作品作为一种特殊的精神产品，具有极高的审美价值。这种价值不仅体现在作品本身的艺术性上，更重要的是它能引起受众的共鸣，激发受众的想象力和创造力，提高受众的精神境界。首先，艺术作品要能引起受众的共鸣。一件优秀的艺术作品，应该能够触动人心，使受众产生共鸣。这种共鸣不仅包括情感上的共鸣，也包括思想上的共鸣。受众在欣赏艺术作品时，能够感受到艺术家所要表达的思想和情感，从而产生一种心理上的认同感和归属感。其次，艺术作品要能够激发受众的想象力和创造力。艺术作品是一种具有想象力和创造力的精神产品，它能够引导受众进行自我思考，激发他们的想象力和创造力。受众在欣赏艺术作品时，可以通过自己的想象去理解和解读作品，从而产生一种独特的审美体验。最后，艺术作品要能提高受众的精神境界。艺术作品作为一种精神产品，具有提高受众精神境界的功能。受众在欣赏艺术作品时，可以通过作品所表达的思想和情感，去反思自己的生活和价值观，从而提高自己的精神境界。

尼采说艺术世界的构成源于两种精神：一是"梦"，梦的境界是无数的形象（如雕刻）；二是"醉"，醉的境界是无比的豪情（如音乐）。由此可见，艺术作品的精神内涵是其审美价值的核心所在。

马克思在《1844年经济学哲学手稿》中提出：艺术作品作为一种独特的精神产物，具有独立的审美价值，能够满足人们的审美需求，丰富人们的精神生活。在《神圣家族》和《德意志意识形态》等著作中，马克思对艺术的审美功能和社会作用进行了更深入的探讨。他认为，艺术作品不仅具有审美价值，还可通过展现社会生活和揭示社会问题，发挥教育和启示作用。艺术作品应当具备深刻的思想内容和高度的艺术价值，这样才能激发人们的热情，提升人们的精神境界。

艺术作品的精神内涵，既包括艺术家的思想、情感和审美理想，也包括社会的共同价值观念。这种内涵，使得艺术作品具有了广泛的社会意义和价值。艺术作品通过对社会现实的反映和批判，对人类精神的探索和追求，发挥着重要的社会功能。

马克思主义对艺术的关注，不仅在于其审美价值，更在于其社会功能。艺术作品通过其精神内涵，能够对人们的精神世界产生深远影响。艺术作品的精神内涵，是其社会价值的重要体现。马克思主义认为，艺术作品不仅具有审美价值，更重要的是它们具有社会功能。艺术作品可以通过其精神内涵，对人们的精神世界产生深远影响。这种影响既包括思想上的影响，也包括情感上的影响。艺术作品可以通过其独特的视角和表现手法，揭示社会的真实面貌，反映人们的生活和情感，从而启发人们的思考，提高人们的精神境界。艺术作品应该具有教育人、启发人、推动社会进步的功能。这是因为艺术作品是艺术家对社会的观察和思考的结晶，它们反映了艺术家对世界的理解和看法。通过艺术作品，艺术家可以向观众传达他们的思想和情感，引导观众去思考和理解社会现象，从而推动社会的进步。

从中华民族的传统文化来看，优秀的传统文化历经时间的沉淀，依然能够对社会发展起着重要的推动作用。在5000年的历史长河中，我们的祖先留下了丰富的文化遗产，这些遗产不仅包括物质层面的，如文物、古迹等，更包括精神层面的，如思想、艺术、道德等。这些优秀的传统文化，历经时间的沉淀，不仅没有被历史淘汰，反而越来越显示出其独特的价值，对社会发展起着重要的推动作用。中华传统文化中的思想观念，如儒家仁爱、道家自然、佛教慈悲等，对于构建和谐社会具有重要的指导意义。这些思想观念，不仅体现了中华民族的精神追求，也为我们处理人与人、人与自然的关系提供了智慧和启示。另外，中华传统文化中的艺术，如诗歌、绘画、音乐、舞蹈等，以其独特的审美价值，丰富了人们的精神生活，提高了人们的文化素养。这些艺术作品，既是艺术家个人思想和情感的表达，也是对社会风貌和时代精神的反映，具有极高的历史价值和艺术价值。中华传统文化中的道德规范，如孝道、忠诚、礼仪等，对于形成良好的社会风气，提高人们的道德素质，具有重要的作用。这些道德规范，是中华民族在长期的历史发展过程中形成的一种独特的道德观念，是中华民族精神的重要组成部分。

马克思主义对艺术的关注，集中在艺术作品的精神内涵上，认为这是艺术的审美核心。艺术作品的精神内涵，既体现了艺术家的个体精神世界，也反映了社会的共同价值观念。艺术作品的审美价值，在于引起受众的共鸣，激发受众的想象力和创造力，提高受众的精神境界。艺术作品通过其精神内涵，发挥着重要的社会功能，对人们的精神世界产生深远影响。

4.1.3 艺术创作对个体与社会的影响

说到艺术创作，人们往往会想到绘画、雕塑、音乐、戏剧等传统艺术形式。关于艺术的发展与社会和物质基础之间的关系，我们可以看到，艺术的发展并不与其保持一致。这一点在历史上许多艺术形式的变迁中都有所体现。举例来说，如果我们把希腊人或莎士比亚的艺术与现代人的艺术进行比较，会发现艺术形式的变化是显著的。这并不是说现代人的艺术就比古人的艺术更先进或更优秀，而是说艺术形式随着社会和物质基础的发展而发生了改变。以史诗为例，这是一种重要的艺术形式。然而，一旦艺术生产出现，我们就会发现，史诗已经无法再以在世界史上划时代的、古典的形式创造出来。这是因为，艺术的发展已经使新的艺术形式成为可能。在艺术本身的领域内，某些有重大意义的艺术形式只有在艺术发展的特定阶段才有可能出现。

因此，我们不能简单地以艺术与社会或物质基础的发展比例来评价艺术的价值。艺术的发展有其自身的规律，它并不完全受社会或物质基础发展的影响。

艺术家在创作过程中，不仅要表达自己的思想、情感和审美理想，还要关注社会现实，反映人民的呼声，为人民大众创作，这样的艺术作品才能具有深刻的精神内涵，才能引起受众的共鸣，才能具有真正的审美价值。

马克思在《1844年经济学哲学手稿》中提出，人的全面发展是共产主义社会的根本特征。在艺术创作中，艺术家应关注人的全面发展和幸福，通过艺术作品展现人的自由、尊严和价值。这一观点揭示了艺术创作的本质和目标，即艺术应当为人民服务，反映人民的现实生活，表现人民的理想和愿望，推动社会的进步和发展。马克思主义的艺术观强调：艺术应当是人民的，而不是少数人的；艺术应当是为人民服务的，而不是为"资本"服务的。艺术家应当以人民为中心，关注人民的生产、生活和思想，以艺术的方式揭示社会的真实面貌，反映人民的喜怒哀乐，表现人民的理想和愿望，为人民提供精神食粮，推动社会的进步和发展。

在《神圣家族》《德意志意识形态》以及《〈政治经济学批判〉导言》等著作中，马克思、恩格斯强调了艺术创作的人民性和社会性。他们认为，艺术家应该关注人民的命运和福祉，从社会生活中汲取灵感，创作出具有时代特征和历史意义的作品。同时，艺术家应站在人民的立场上，为人民群众创作具有审美价值的艺术作品。根据马克思、恩格斯的观点，艺术创作应当紧密围绕人民群众，关注他们的生活、情感和理想。艺术家应从社会生活中获取创作灵感，这样才能创作出具有深刻内涵和时代特色的作品。这样的作品不仅具有艺术价值，还能成为历史的见证，记录下社会的变迁和发展。此外，艺术家在创作过程中应站在人民的立场上，关注他们的需求和期望。只有这样，艺术家才能创作出真正具有审美价值的艺术作品，为人民群众提供丰富的精神食粮。这些作品能够在人民群众中产生共鸣，引导他们认识和思考社会现象，从而推动社会的进步和发展。

在《〈政治经济学批判〉导言》中，马克思提出："艺术对象创造出懂得艺术和能够欣赏美的大众，——任何其他产品也是这样。因此，生产不仅为主体生产对象，而且也为对象生产主体。"[①]

在《资本论》这部伟大的著作中，马克思深入地剖析了资本主义社会的内在矛盾和问题。通过对资本主义生产方式、商品经济、剩余价值等核心问题的探讨，马克思揭示了资本主义社会中普遍存在的剥削、压迫和不公。这些矛盾和问题为艺术家提供了丰富的创作素材，使他们能够以此为基础进行艺术创作。艺术家们可以从《资本论》中找到许多关于资本主义社会的现实题材，如劳资矛盾、贫富差距、环境污染等。通过对这些现实问题的艺术再现，艺术家们可以引导人民大众更深入地认识和反思这些问题，从而激发他们的思考和行动，为人民大众提供具有现实意义和精神力量的艺术作品。例如，电影导演可以从《资本论》中找到关于资本主义剥削机制的题材，创作出揭示劳动者被剥削、反映社会不公的电影作品；同样，小说家可以从《资本论》中挖掘出关于资本主义社会中人物命运的题材，创作出表现人们在资本主义社会中挣扎求生的小说。《资本论》为艺术家提供了丰富的创作素材和灵感来源，使得他们能够更好地为人民大众创作具有现实意义和精神力量的艺术作品。这些作品不仅能够启发人们的思考，还能够激发他们的行动，推动社会的进步和发展。在这个过程中，艺术家们也在践行马克思主义的立场和观点，为人民的福祉和全人类的解放事业贡献自己的力量。在我国的文艺创作中，这一理念得到了广泛的实践和体现。我国的艺术家们，秉承着以人民为中心的创作导向，深入生活，扎根人民，从人民的实践中汲取创作的灵感，为人民大众描绘生动的艺术画卷。他们以独特的艺术手法，表现人民的喜怒哀乐，传递积极向上的价值观，弘扬了我国的优秀传统文化以及中华民族的伟大精神。这种以人民为中心的创作理念，不仅丰富了我国的艺术创作，也提升了我国的文化软实力。这样的作品，既体现了艺术家的独特艺术风格，又具有广泛的社会影响力，成为人民群众喜闻乐见的文化食粮。同时，这种以人民为中心的创作理念，也是对马克思、恩格斯所提出的"各个人自由发展为一切人自由发展的条件"[②]的深刻诠释。它强调的是，在艺术创作中，个人的自由发展必须建立在社会大众的自由发展之

---

① 马克思.《政治经济学批判》导言[M]//马克思恩格斯选集：第二卷.北京：人民出版社，1972：95.

② 马克思，恩格斯.共产党宣言[M]//马克思恩格斯全集：第四卷.北京：人民出版社，1958：491.

上，只有这样，艺术创作才能真正具有价值和意义。

从马克思和恩格斯的著作中，不难看出，他们都认为艺术创作对个体与社会具有深远的影响，这种影响既体现在个体层面，也体现在社会层面。从个体层面来讲，首先，艺术创作能够提高个体的审美能力和精神境界。个体通过欣赏和创作艺术作品，可以培养自己的审美情趣，提升审美水平，丰富精神生活。艺术作品所传达的思想、情感和价值观，可以引导个体进行自我反思，从而更好地理解自我和他人，更好地适应社会。其次，艺术创作有助于个体的情感宣泄和心理调适。艺术家通过创作表达自己的情感和思想，可以释放内心的压力，达到心理的平衡。观众通过欣赏艺术作品，可以得到情感的共鸣和慰藉，从而缓解生活压力，提高生活质量。再次，艺术创作能够激发个体的创造力和潜能。在创作过程中，艺术家需要发挥自己的想象力和创造力，这有助于培养个体的创新意识和实践能力。最后，艺术创作可以使个体在精神层面得到满足，激发个体追求更高目标的内在动力。

从社会层面来讲，首先，艺术创作能够影响社会的审美观念和价值取向。优秀的艺术作品可以传递先进的价值观，引导社会风气向好，推动社会进步和发展。艺术作品所传达的思想观念可以在一定程度上改变人们的认知和行为，促使社会更加和谐、文明。其次，艺术创作可以促进国际文化交流，增进各国人民的友谊和理解。艺术作品是跨越国界的语言，可以有效地传递不同文化背景下的思想、情感和价值观。通过艺术创作，各国人民可以加深对彼此文化的了解和尊重，推动世界和平与发展。最后，艺术创作对于

文化产业的发展具有重要作用。文化产业是现代社会经济的重要组成部分，艺术创作可以推动文化产品的生产和传播，促进文化市场的繁荣，为社会经济发展作出贡献。

艺术创作对个体与社会具有深远的影响。它既能够提高个体的审美能力和精神境界，促进个体的全面发展，又能够影响社会的审美观念和价值取向，推动社会进步和发展。

4.2　艺术生产与艺术消费

要研究艺术生产，就一定要涉及艺术生产和艺术消费的关系，马克思对于艺术生产和艺术消费关系的研究解释了艺术生产活动的规律，在方法论的运用上也折射出了普遍联系的整体辩证法的倾向和特征。

4.2.1　艺术市场与经济规律的关系

艺术市场作为艺术生产和消费的重要环节，发挥着连接艺术家与受众、生产者与消费者的桥梁作用。在这个领域中，艺术作品的创作、展示、销售与收藏等多个环节环环相扣，共同构成了一个复杂而又丰富的生态系统。艺术市场既受到经济规律的制约，又具有其独特的特性。

艺术市场的特殊性表现在以下几个方面。第一，艺术市场不仅涉及商品的买卖，还涉及艺术的价值判断和文化传承。艺术家在创作过程中，不仅要充分考虑市场的需求和受众的喜好，还要坚守艺术理想，传递先进的文化价值观。这就要求艺术家在追求商业成功的同时，不能忽视艺术的独立性和精神性，要保持对艺术本身的敬畏和

热爱。第二，艺术市场的发展反过来影响艺术创作。市场的繁荣与萧条、受众的喜好与审美趋势等都会对艺术家的创作产生一定的影响。面对艺术市场的变化，艺术家需要在坚守艺术理想的同时，具备敏锐的市场洞察能力，调整自己的创作方向，以适应市场的变化。这样既能满足市场需求，又能保持艺术的独立性和价值。第三，艺术市场为艺术家提供了更多的发展机会。随着全球化的推进和互联网的发展，艺术市场的范围不断扩大，艺术家可以通过各种渠道将自己的作品推向更广泛的受众。这为艺术家提供了更多的发展机遇，同时也带来了更大的竞争压力。艺术家需要在不断提高自己的艺术水平的同时，学会运用市场策略，为自己的作品争取更多的展示和销售机会。

艺术市场在艺术的生产和消费中起着关键作用。艺术家在参与艺术市场的同时，需要兼顾市场需求和艺术理想，为受众提供既有审美价值又能引发思考的艺术作品。在艺术市场的发展过程中，艺术家既要面对挑战，也要抓住机遇，不断地提高自己的艺术水平和市场竞争力，为艺术的繁荣和发展作出贡献。

在马克思、恩格斯的著作中，他们对艺术市场的关注和探讨主要集中在《资本论》《德意志意识形态》和《共产党宣言》中。

在《资本论》这部具有里程碑意义的著作中，马克思对商品经济和市场经济的基本原理进行了深入而全面的探讨，为理解艺术市场的经济属性提供了重要的理论基础。通过研究马克思关于商品经济和市场经济的理论，我们可以更好地把握艺术市场的本质特征、运行规律及其与其他经济领域的互动关系。首先，在《资本论》中，马克思详细阐述了商品经济的基本原理。他认为，商品经济是市场经济的基础，商品的生产和交换是市场经济的核心环节。在艺术市场中，艺术作品作为一种特殊商品，具有使用价值和交换价值。艺术家创作艺术作品的过程就是生产商品的过程，而艺术作品在市场上的交易则体现了商品经济的特点。因此，艺术市场在本质上属于商品经济范畴，其发展与运行受到商品经济规律的制约。其次，马克思在《资本论》中深入剖析了市场经济的运行机制。他指出，市场经济是一种以市场为基础的资源配置方式，其核心是通过价格、供求、竞争等市场机制来实现资源的优化配置。在艺术市场中，艺术家、画廊和拍卖行、观众等各个环节之间的互动也遵循市场经济的规律。艺术家通过创作艺术作品提供商品，画廊和拍卖行则负责推广、展示和销售艺术作品，而受众则根据个人喜好和艺术作品的价格来决定是否购买，这一系列环节共同形成了艺术市场的运行机制，体现了市场经济的特点。最后，在《资本论》中，马克思还强调了商品经济和市场经济对社会生活的影响。他认为，商品经济和市场经济的发展会导致贫富差距、劳资矛盾等社会问题的出现。在艺术市场中，这些问题同样存在。例如，艺术家在创作过程中可能面临商业与艺术理想的矛盾，画廊和拍卖行在追求利润的过程中可能出现道德风险，而受众在购买艺术作品时也可能面临审美与价格的权衡。因此，研究艺术市场的经济属性，有助于我们更好地认识和解决艺术市场中的社会问题。《资本论》为理解艺术市场的经济属性提供了理论基础。通过研究马克思关于商品经济和市场经济的理论，我们可以更好地把握艺术市场的本质特征、运行规律及其与其他经济领域的互动关系。这对于我们认识和解决艺术市场中的问题具有重要的指导意义。

在《德意志意识形态》中，马克思提出了一个重要的观点，即艺术作品是社会生活在精神领域的反映。这一观点为理解艺术市场的文化属性提供了理论依据。通过研究马克思关于艺术作品与社会生活关系的理论，我们可以更好地把握艺术市场的本质特征、运行规律及其在社会文化领域中的地位和作用。首先，马克思强调了艺术作品与社会生活的密切联系。他认为，艺术作品是人类在精神领域对社会生活的反映和表现，是人们在社会实践中对于生活体验、思想观念和价值取向的创造性表达。在艺术市场中，艺术家通过创作艺术作品来传达自己的观念和情感，受众则通过欣赏和购买艺术作品来获取精神享受和文化认同。这一过程充分体现了艺术作品与社会生活的紧密联系，揭示了艺术市场在文化属性上的特点。其次，马克思分析了艺术作品在社会生活中的功能和作用。他认为，艺术作品不仅能够反映社会生活，还能够通过审美教育、观念引导等方式影响和改变社会生活。在艺术市场中，艺术家通过自己的作品传达对现实社会的认识和评价，启发受众思考和反思社会问题，从而在一定程度上推动社会文化的进步和发展，体现了艺术市场在社会文化领域中的重要作用。最后，马克思还强调了艺术作品在历史发展中的地位和价值。他认为，艺术作品是民族文化传统的重要组成部分，是历史与现实的有机结合。在艺术市场中，不同国家和地区的艺术作品相互交流、碰撞和融合，共同构成了丰富多彩的世界艺术体系。这既体现了艺术作品在文化传承中的价值，也揭示了艺术市场在全球化背景下的发展趋势。

在《共产党宣言》中，马克思、恩格斯对资本主义进行了批判，同时对未来社会进行了设想。这些观点不仅为探讨艺术市场在社会主义条件下的发展指明了启示，同时也揭示了马克思主义在指导实践中的重要价值。首先，《共产党宣言》对资本主义的批判，有助于我们理解艺术市场在社会主义条件下的转变。在资本主义社会中，艺术市场往往受到利润最大化目标的驱动，艺术作品的价值往往为市场价格所左右，这可能导致一些有价值的艺术作品被忽视，而一些商业化的作品却受到热捧。而在社会主义条件下，艺术市场将更多关注艺术的社会功能，强调艺术为人民服务，推动艺术创作的健康发展。这种转变需要我们深入理解马克思主义关于资本主义制度的批判，以便更好地引导艺术市场的变革。其次，《共产党宣言》对未来社会的设想，为艺术市场在社会主义条件下的发展提供了方向。马克思和恩格斯设想了一个没有阶级剥削和压迫的未来社会，人们在这个社会中可以全面发展，实现自由和解放。在这一社会中，艺术市场将摆脱商业化的束缚，更好地服务于人民，满足人们多样化的精神文化需求。这种发展方向需要我们深入理解马克思主义关于未来社会的设想，以便更好地推动艺术市场的改革和发展。最后，《共产党宣言》中提出的全球视野，为我们在国际范围内推动艺术市场的发展提供了启示。在资本主义条件下，艺术市场往往受到民族主义和国家利益的限制，不同国家之间的艺术交流和合作受到阻碍。而在社会主义条件下，我们应秉持马克思主义的全球视野，推动国际艺术市场的交流与合作，共同推动全球艺术创作的繁荣和发展。《共产党宣言》为探讨艺术市场在社会主义条件下的发展提供了重要的启示。通过深入理解马克思主义的立场、观点和方法，我们可以更好地引导艺术市场的变革，推动艺术创作的繁荣和发展，实现艺术为人民服务的宗旨。

在马克思主义的指导下，我们应该正确看待艺术市场的作用，既要充分发挥其在艺术生产和消费中的积极作用，又要防止其过度市场化、商业化对艺术创作的负面影响。艺术家在创作过程中，不仅要坚守艺术理想，不为市场所左右，同时也要关注市场需求，以满足人民大众的精神文化需求。艺术市场的发展应该以促进艺术创作和满足人民精神文化需求为目标，而不是把追求经济利益作为唯一目的。

马克思主义关于艺术市场的观点，为我们提供了全面理解和把握艺术市场的理论武器。我们应该以马克思主义为指导，坚持艺术创作的独立性和人民性，推动艺术市场健康、有序、可持续发展，为人民大众提供更多、更好的精神食粮。同时，我们也要警惕艺术的过度市场化、商业化，防止其对艺术创作产生负面影响。只有这样，我们才能使艺术更好地服务于人民，服务于社会主义文化建设。

马克思主义的立场、观点和方法为艺术市场的研究提供了独特的视角和深刻的见解。在马克思主义的指导下，我们可以更加清晰地认识到艺术市场的本质属性、运行规律及其在社会发展中的重要作用。这对于我们把握艺术市场的发展趋势、解决艺术市场中的问题具有重要的指导意义。马克思主义强调人民群众在历史发展中的主体地位，这对我们把握艺术市场的价值取向具有指导意义。在艺术市场中，我们应该关注人民大众的需求，坚持艺术为人民服务的宗旨，推动艺术创作反映人民的生产生活、表现人民的情感世界、引领人民的精神追求。这样，艺术市场才能真正发挥其应有的作用，为社会主义文化建设作出积极贡献。马克思主义强调社会存在决定社会意识，这对我们认识艺术市场的社会背景和影响具有指导意义。在艺术市场中，我们应该关注社会经济、政治、文化等方面的变化，深入分析这些变化对艺术创作和艺术市场的影响，从而更好地把握艺术市场的发展规律。马克思主义强调辩证法和历史唯物主义，这对我们分析和解决艺术市场中的问题具有指导意义。在艺术市场中，我们应该运用辩证法和历史唯物主义的方法，具体问题具体分析，从历史和现实的角度出发，找出问题的症结所在，制定合理的解决方案。

从艺术市场出发，我们可以从具体的表象洞察其中的经济规律。艺术市场是一个多元化的领域，包括画廊、拍卖行、艺术家、收藏家等多个参与者。从这些参与者之间的交易活动中，我们可以观察到一些经济规律。首先，艺术作品的定价是一个非常重要的方面。艺术作品的定价往往不是基于其成本，而是基于市场需求和供应。在艺术市场中，稀有度和知名度是影响艺术作品价格的重要因素。当一件艺术作品被认为具有历史、文化或美学价值时，其价格往往会上涨。同时，艺术作品的定价也会受到经济环境、社会趋势和品位变化等因素的影响。其次，艺术市场也受到供求关系的影响，当市场需求高而供应量有限时，艺术作品的价格往往会上涨。相反，当市场供应过剩而需求不足时，艺术作品的价格可能会下降。此外，当买家对市场信心不足时，他们可能会减少购买，导致市场供过于求，艺术作品价格下跌。最后，艺术市场还存在一些不确定性和风险。由于艺术作品的价值往往是由主观评价决定的，因此其价格可能会受到市场波动、经济不稳定和政治变革等因素的影响。此外，艺术作品的真伪和质量也是需要考虑的因素，这些因素可能会对艺术作品的价格产生重大影响。

艺术作品的定价、供求关系、市场波动和风

险等因素都是艺术市场中不可或缺的组成部分。马克思关于艺术市场的细致剖析为我们提供了深刻的理论基础，但是随着时代的发展，我们也需要结合当代的实际情况对艺术市场进行更加深入的研究和探讨。

在现代社会中，艺术作品的定价已经不再仅仅是基于其本身的价值，更多的是受到市场供需关系的影响。供求关系直接影响着艺术作品的市场价格：当市场需求大于供应时，艺术作品的价格就会上涨；反之，当市场供应大于需求时，艺术作品的价格就会下跌。同时，市场波动也会对艺术作品的定价产生影响，如经济危机、政策变动等因素都会导致艺术作品市场的价格波动。

除了市场因素外，艺术作品的风险也是一个重要的因素。艺术作品的价值在很大程度上取决于其稀缺性和历史价值，但是艺术作品市场的鉴定难度很大，赝品的存在使得艺术作品市场充满了风险。因此，对于投资者而言，要想在艺术市场中获取收益，就需要对艺术作品的真伪、价值等方面有深入的了解，以降低投资风险。

4.2.2 艺术作品的传播与接受

艺术作品的传播与接受是一个复杂的过程，涉及创作者、传播媒介、接受者等多方因素。在这个过程中，艺术作品不仅承载着创作者的思想观念和情感表达，还承载着文化传承、审美教育、社会批判等多种功能。因此，艺术作品的传播与接受对于艺术创作、文化发展和社会进步具有重要意义。

艺术作品的传播是艺术创作的重要组成部分。艺术作品只有通过传播，才能使创作者的思想观念和情感表达为更多的人所了解和欣赏。这既是对创作者的肯定和鼓励，也为后来的艺术家提供了借鉴和启示。此外，艺术作品的传播还有助于提高公众的审美水平和艺术素养，培养更多的艺术爱好者和创作者，从而推动艺术创作的繁荣和发展。艺术作品的接受对于艺术创作具有重要的反馈作用。接受者通过欣赏和评价艺术作品，向创作者传递关于作品内容和形式的信息，帮助创作者了解自己的创作效果和价值。这种反馈对于创作者来说是非常重要的，因为它可以帮助创作者更好地认识自己，发现自己的优点和不足，从而在今后的创作中加以改进和提高。同时，艺术作品的接受还有助于形成和传播艺术流派、艺术风格和艺术观念，从而推动艺术史的演进和艺术理论的发展。

艺术作品的传播与接受还具有重要的社会意义。艺术作品往往反映了社会生活的某个方面，可以成为人们认识和反思社会问题的一个窗口。通过传播和接受艺术作品，人们可以增进对社会的了解，激发对社会的思考，从而推动社会的进步和发展。同时，艺术作品的传播与接受还有助于促进国际文化交流，增进各国人民之间的了解和友谊，推动世界和平与发展。

艺术作品的传播与接受是艺术创作的重要组成部分，对于艺术创作、文化发展和社会进步具有重要意义。我们应该关注艺术作品的传播与接受，通过多种渠道和方式，推动艺术作品的广泛传播和深入接受，使艺术更好地服务于人民、服务于社会主义文化建设。

马克思主义关于艺术作品传播与接受的观念，强调了艺术的生产和消费中观众的重要性。在马克思主义看来，艺术作品是艺术家与观众之间的一种交流和互动。艺术作品只有被广大观众接受，才能实现其价值、发挥其作用。

马克思主义认为，艺术作品的传播方式多种

多样，包括公共展览、艺术活动、媒体传播等。在传播过程中，艺术作品不仅要面对市场竞争，还要面对受众的文化背景和价值观念。因此，艺术作品的传播需要考虑受众的接受程度，同时也要引导受众树立正确的艺术观和文化观。在《1844年经济学哲学手稿》中，马克思揭示了人的异化现象，指出资本主义社会中人们被剥夺了创造力和自主性。艺术家应关注这种异化现象，通过艺术作品唤起人们对真实生活的关注，激发人们的自主性和创造力。这样的艺术作品才能真正地为人民所接受，并发挥其应有的作用。

俄国巡回展览画派（Wandering Exhibition of Russian Art）是一个典型的在马克思主义指导下的艺术团体。他们以人民为中心，关注社会现实，反映人民生活，用艺术作品揭示社会的黑暗面，唤起人们对社会问题的关注。巡回展览画派的作品在当时的俄国社会引起了广泛关注和讨论，对推动社会进步和改变人民生活产生了积极影响。这些艺术作品之所以在当时具有很高的接受度，是因为创作者站在人民的立场上，关注人民的命运和福祉，体现了马克思主义关于艺术创作的原则。

20世纪中国的新兴木刻运动，也是一个在马克思主义指导下的重要艺术运动。该运动以人民大众为中心，关注社会现实，反映人民生活，通过艺术作品揭示社会的黑暗面，唤起人们对社会问题的关注。新兴木刻运动的作品在中国社会引起了广泛关注和讨论，对推动社会进步和改变人民生活产生了积极影响。这些艺术作品之所以在当时具有很高的接受度，也是因为创作者站在人民的立场上，关注人民的命运和福祉，体现了马克思主义关于艺术创作的原则。

马克思主义关于艺术作品传播与接受的观念强调了观众的重要性以及艺术作品在人民发展和意识形态斗争中的作用。艺术家应关注人民的命运和福祉，从社会生活中汲取灵感，创作出具有时代特征和历史意义的作品。在这一过程中，艺术家需要考虑受众的接受程度，同时也要引导受众树立正确的艺术观和文化观。通过艺术作品与受众的交流和互动，共同推动人类文明的进步。

马克思主义强调，艺术作品的传播需要引导受众树立正确的艺术观和文化观。这是因为艺术作品是意识形态斗争的一种表现形式，它对受众的精神世界具有深远的影响。如果受众接受错误的艺术观和文化观，将会对他们的思想、情感和价值观产生负面影响。因此，艺术作品的传播需要引导受众树立正确的艺术观和文化观，使他们能够正确理解和欣赏艺术作品，从而提高他们的审美能力和精神境界。

在《〈政治经济学批判〉导言》中，马克思提出了"美的规律"，即艺术作品应该表现社会生活的真实，揭示社会生活的内在规律。艺术家应该关注社会的本质矛盾和问题，通过艺术作品反映这些矛盾和问题，从而引发人们对社会现实的认识和思考，这一观点强调了艺术作品在反映社会现实和引导受众认识社会规律方面的重要性。在《资本论》中，马克思深入剖析了资本主义社会的经济基础和上层建筑，揭示了资本主义社会中艺术作品与经济、政治、文化等因素之间的内在联系。他指出，艺术作品是意识形态的一种表现形式，它既受到经济基础的制约，又对经济基础产生反作用。艺术作品不仅反映了社会的经济状况和阶级关系，而且通过对受众的审美教育，影响和塑造了受众的精神世界。因此，在传播艺术作品的过程中，引导受众树立正确的艺术观和文化观显得尤为重要。只有这样，受众才能正确地理解和欣赏艺术作品，从而提高他们的审美能力和精神境界。在这一过程中，艺术作品与受众之间的交流和互动有助于推动人类文明的进步。

说到底，艺术作品是为人民服务的，是人们为了表达内心的诉求或是释放情感而创作出来的，所以艺术作品从创设到最终的呈现，都是以人为主体的。关于艺术作品以人为主体的论点，马克思在《〈政治经济学批判〉序言》中曾讲过："人类始终只提出自己能够解决的任务，因为只要仔细考察就可以发现，任务本身，只有在解决它的物质条件已经存在或者至少是在生成过程中的时候，才会产生。"①

马克思主义关于艺术作品传播与接受的观念，对于我们在现代社会中理解和参与艺术活动具有重要的指导意义。它要求我们在欣赏和评价艺术作品时，要站在无产阶级和人民大众的立场上，关注受众的接受程度，引导受众树立正确的艺术观和文化观。这样，我们才能更好地发挥艺术作品的价值，推动社会的进步和发展，实现全人类的共同繁荣。

《1844年经济学哲学手稿》中，马克思揭示了人的异化现象。马克思主义关于人的异化现象的揭示，为我们理解资本主义社会中人们的精神困境提供了深刻的见解。在资本主义社会中，人们被剥夺了创造力和自主性，他们的劳动成果被资本家占有，他们的生活被异化为一种单调的重复。这种异化现象不仅导致了他们的物质贫困，更导致了他们的精神贫困。艺术家应关注这种异化现象，通过艺术作品唤起人们对真实生活的关注，激发人们的自主性和创造力。艺术作品应该成为反映社会现实、揭示社会问题、推动社会进步的工具。艺术家应该关注社会中的不平等、不公正、不自由，通过艺术作品揭示这些问题，唤起人们的关注，激发人们的行动。这样的艺术作品才能真正地为人民所接受，并发挥其应有的作用。艺术家需要有坚定的立场，需要有对人民大众的深深热爱。只有这样，他们才能创作出有深度、有力度、有温度的艺术作品，才能真正地为人民服务，为社会主义文化建设作出贡献。

在《神圣家族》中，马克思和恩格斯批判了当时的各种唯心主义哲学观点，强调了唯物主义的历史观。他们认为，艺术作品应该立足于现实生活，揭示社会的真实矛盾和问题，从而帮助人们认识社会规律，推动社会的进步。这一观点对于我们在现代社会中理解和参与艺术活动具有重要的指导意义。

在艺术作品传播和接受的过程中，唯物主义的历史观发挥着举足轻重的作用。唯物主义的历史观告诉我们，艺术作品应该立足于现实生活，揭示社会的真实矛盾和问题。首先，在现代社会中，艺术作品应该关注人们的生活，关注社会的变迁，关注时代的发展。只有这样，艺术作品才能具有真实的生命力，才能引起人们的共鸣。艺术作品应该帮助人们认识社会规律，推动社会的进步。其次，在现代社会中，艺术家应该具有社会责任感，应该具有时代使命感。艺术家应该用他们的作品，揭示社会的问题，引导人们思考，推动社会的进步。艺术作品应该为人民服务，为社会主义文化建设服务。最后，在现代社会中，艺术作品应该关注人民的需求，关注社会主义文化建设的要求。艺术家应该用他们的作品，满足人民的精神需求，推动社会主义文化建设的发

---

① 马克思.《政治经济学批判》序言[M]// 中共中央马克思恩格斯列宁斯大林著作编译局. 马克思恩格斯文集：第二卷. 北京：人民出版社，2009：592.

展。唯物主义的历史观为我们在现代社会中理解和参与艺术活动提供了重要的指导。我们应该根据这一观点，创作出更多、更好的艺术作品。为人民，为社会主义文化建设作出贡献。

在《德意志意识形态》中，马克思和恩格斯深入剖析了意识形态的产生过程、本质和功能。他们指出，艺术作品作为一种意识形态，既受到社会经济基础的制约，又对经济基础产生反作用。艺术作品不仅反映了社会的经济状况和阶级关系，而且通过对受众的审美教育，影响和塑造了受众的精神世界。因此，在传播和接受艺术作品的过程中，我们要站在无产阶级和人民大众的立场上，关注受众的接受程度，引导受众树立正确的艺术观和文化观。我们要认识到，艺术作品是意识形态的一种表现形式，它反映了社会的经济状况和阶级关系。在不同的社会历史时期，艺术作品所反映的社会内容是不同的，它与当时的经济状况和阶级关系密切相关。

艺术作品通过对受众的审美教育，对受众的精神世界产生影响和塑造。艺术作品通过其独特的审美教育功能，使受众在欣赏艺术作品的过程中，得到精神的愉悦和满足，从而影响和塑造了受众的精神世界。这种影响和塑造是深刻的，它关系到受众的价值观、世界观和人生观。

我们要站在无产阶级和人民大众的立场上，关注受众的接受程度，引导受众树立正确的艺术观和文化观。在传播和接受艺术作品的过程中，我们要关注人民大众的需求和接受程度，而不是少数人的需求和接受程度。我们要引导受众树立正确的艺术观和文化观，使受众能够在欣赏艺术作品的过程中，得到精神的提升和陶冶，从而推动社会主义文化建设的发展。马克思主义关于艺术作品传播与接受的观念为我们提供了理解和参与艺术活动的重要指导。在欣赏和评价艺术作品时，我们要关注受众的接受程度，引导受众树立正确的艺术观和文化观，从而发挥艺术作品的价值，推动社会的进步和发展，实现全人类的共同繁荣。

4.2.3 艺术消费对社会文化的影响

在《资本论》中，马克思深入剖析了消费现象在资本主义社会中的地位和作用。在他看来，消费是连接生产和再生产的桥梁，是推动经济发展的重要环节。马克思指出，消费的目的是满足需要。这里的"需要"既包括物质需要，如食物、衣物、住房等，也包括精神需要，如文化、教育、娱乐等。消费是实现这些需求的重要途径，而需求的满足程度直接影响到人们的生活水平和幸福指数。另外，消费对生产具有反作用。消费需求的不断升级和变化，会推动生产领域的技术创新和产品升级，进而促进社会生产力的发展。同时，消费也是检验生产成果的重要标准。只有符合消费者需求的产品和服务，才能在市场竞争中脱颖而出，实现价值。

艺术消费也是如此，随着人们生活水平的提高和审美观念的变化，消费者对艺术作品的需求也在不断升级。为了满足这种需求，艺术家们必须不断创新和提高自己的技艺，从而推动艺术领域的技术进步和作品质量的提升。在这个过程中，各种艺术形式都在不断地融合与碰撞，产生出许多新的艺术表现手法和风格。例如，数字技术的发展使得绘画、雕塑等传统艺术形式与新媒体艺术相结合，为人们呈现出更为丰富和多样的艺术体验。同时，全球文化交流的加深，也使得艺术创作更加多元化，各种地域特色和文化元素在艺术作品中交织，为人们带来更为丰富的视觉和心灵享受。

此外，艺术消费也是检验艺术成果的重要标准。只有那些真正触动人心、引起共鸣的艺术作品，才能在市场竞争中脱颖而出，实现其价值。因此，艺术家们在创作过程中，必须时刻关注消费者的需求和反馈，以此来调整和优化自己的艺术表达。

艺术消费作为社会消费需求的一部分，同样受到消费升级和市场检验的影响。艺术家们需要不断创新和提高自己的艺术水平，以满足消费者日益多样化和个性化的需求。在这个过程中，艺术消费不仅推动了艺术领域的发展，也为人们的生活增添了更多的色彩和乐趣。

《德意志意识形态》中，马克思认为艺术作品是社会生活在精神领域的反映，艺术消费则是人们对这种反映的接受和欣赏。艺术消费不仅满足了人们的精神需求，也在一定程度上影响了人们的世界观、价值观和行为方式。这表明，艺术消费对个体和社会具有深远的影响。

在马克思看来，艺术作品并非孤立的存在，而是与社会生活紧密相连。艺术家通过自己的作品，反映了社会的现实生活、人们的心理状态和思想观念。因此，艺术作品是社会生活在精神领域的一种表现形式，它既受到社会经济基础的制约，又对经济基础产生反作用。在现代社会中，人们面临着各种精神压力，需要寻找一种方式来释放和缓解这些压力。艺术消费作为一种精神性的消费，能够帮助人们放松心情，获得审美愉悦。通过欣赏艺术作品，人们可以从中得到启示，得到精神的满足，从而提高自己的生活品质。

艺术作品通过对现实生活的反映和表现，展现了人生的真谛和生活的价值。人们在欣赏艺术作品的过程中，会不自觉地受到作品的影响，从而改变自己的世界观、价值观和行为方式。这种影响是深远的，它关系到人们的心理健康和社会行为。

除此之外，个体的心理健康和社会的和谐稳定离不开艺术消费的支持。艺术消费可以帮助个体缓解精神压力，提高生活品质，从而促进个体的健康成长。同时，艺术消费也可以促进社会的和谐稳定，因为它能够提高人们的精神境界，使人们更加关注生活中的美好和善良，从而减少社会矛盾和冲突。

艺术消费不仅是对艺术作品的欣赏，更是对人类创造力和文化价值的认可和接受。艺术消费对个体和社会的影响是多方面的。艺术作品可以通过视觉、听觉等方式给人们带来感官上的享受，同时也能够激发人们的思考和情感。艺术作品所传递的信息和价值观可以影响人们的世界观和价值观，甚至改变人们的思维方式和行为习惯。比如，一些优秀的文艺作品可以让人们更加关注社会公正、平等和自由等价值观念，从而促进社会的进步和变革。

艺术消费也可以促进文化的多样性和创新。艺术作品是人类创造力的体现，不同的文化和社会背景下，人们创造的艺术作品各具特色，反映了不同的历史、文化和生活方式。通过艺术消费，人们可以更加深入地了解不同的文化，从而增进文化交流和理解。同时，艺术消费也可以激发艺术家的创造力和创新精神，促进文化艺术的发展和进步。

艺术作品是人类文化遗产的重要组成部分，艺术消费可以让我们更加珍惜和传承人类的文化遗产。艺术作品也可以帮助我们更好地理解自己和世界，从而提高我们的文化素养和思考能力。

在当今信息爆炸的时代，艺术消费也可以为我们提供一种精神寄托和情感释放的方式，帮助我们更好地应对生活中的各种挑战和压力。

在《共产党宣言》中，马克思、恩格斯对资本主义的批判以及对未来社会的设想，为探讨艺术消费在社会主义条件下的发展提供了启示。他们认为，在共产主义社会中，艺术消费应该成为人们生活的重要组成部分，为人们提供丰富多样的精神食粮。在马克思看来，艺术消费是艺术生产的目的和动力，对社会的文化发展具有重要影响。艺术消费可以提升人们的文化素养，丰富人们的精神生活，促进社会的和谐稳定。艺术消费还可以推动文化产业的发展，创造就业机会，促进经济增长。同时，艺术消费也可以引导人们形成健康向上的生活方式，推动社会的文明进步。

在现代社会中，艺术消费已经成为人们生活的重要组成部分。艺术作品不仅可以给人带来审美愉悦，还可以启发人们的思考，引导人们关注社会现实，反映人民的呼声，为人民大众创作。这样的艺术作品才能具有深刻的精神内涵，才能引起观众的共鸣，才能具有真正的审美价值。

在马克思主义文艺观指引下，艺术消费应该站在无产阶级和人民大众的立场上，关注人们的需求，引导人们树立正确的艺术观和文化观。这样，艺术消费才能真正地发挥其价值，推动社会的进步和发展，实现全人类的共同繁荣。

第 5 章　马克思主义的审美特性论

马克思、恩格斯批判地继承了以康德、黑格尔为代表的德国古典哲学思想，修正了以表现论为代表的客观唯心主义和以模仿论为代表的机械反映论，提出了历史唯物主义的审美反映论。马克思还提出了"劳动创造了美""美的规律""人的本质的对象化"等重要美学概念。本章将对马克思主义的审美理论进行阐释。

5.1　马克思论美的规律

马克思在《1844年经济学哲学手稿》中提出了"劳动创造了美""美的规律"等重要美学概念。马克思是从人的本质的问题出发，对美的问题进行了深入思考。本节将对马克思提出的这些重要美学概念进行阐释。

5.1.1　劳动创造了美

马克思在《1844年经济学哲学手稿》中谈及劳动的异化时，提出了"劳动创造了美"的观点。

马克思说："国民经济学以不考察工人（即劳动）同产品的直接关系来掩盖劳动本质的异化。当然，劳动为富人生产了奇迹般的东西，但是为工人生产了赤贫。劳动创造了宫殿，但是给工人创造了贫民窟。劳动创造了美，但是使工人变成畸形。劳动用机器代替了手工劳动，但是使一部分工人回到野蛮的劳动，并使另一部分工人变成机器。劳动生产了智慧，但是给工人生产了愚钝和痴呆。"[1]

劳动创造了美，这个观点并不是马克思直接从审美的角度来提出的。马克思主要是在论述资本主义社会劳动的异化，他指出劳动不仅创造了美，而且还有消极的方面。比如，劳动使工人变成畸形，给工人创造了贫民窟，等等。马克思说："首先，劳动对工人说来是外在的东西，也就是说，不属于他的本质的东西；因此，他在自己的劳动中不是肯定自己，而是否定自己，不是感到幸福，而是感到不幸，不是自由地发挥自己的体力和智力，而是使自己的肉体受折磨、精神遭摧残。因此，工人只有在劳动之外才感到自在，而在劳动中则感到不自在，他在不劳动时觉得舒畅，而在劳动时就觉得不舒畅。因此，他的

---

[1]　马克思.1844年经济学哲学手稿[M]//马克思恩格斯全集：第四十二卷.北京：人民出版社，1979：93.

劳动不是自愿的劳动，而是被迫的强制劳动。"①这里所说的劳动，都指的是资本主义社会的异化劳动。从马克思的这段话可以看出，在资本主义社会的异化劳动中，工人在通过劳动创造了美的同时，并没有收获身心的愉悦，他们的劳动是不自由的、身体是受折磨的。工人通过自己的劳动为资本家带来了财富，但自己却成为赤贫，生活艰苦。

但是，劳动确实是马克思考察审美活动的重要维度。马克思指出，正是生产劳动把人和动物区别开来。马克思说："动物不把自己同自己的生命活动区别开来。它就是这种生命活动。人则使自己的生命活动本身变成自己的意志和意识的对象。他的生命活动是有意识的。这不是人与人之直接融为一体的那种规定性。有意识的生命活动把人同动物的生命活动直接区别开来。正是由于这一点，人才是类存在物。或者说，正因为人是类存在物，他才是有意识的存在物，也就是说，他自己的生活对他是对象。仅仅由于这一点，他的活动才是自由的活动。"②在马克思看来，人与动物的本质区别就在于人会劳动、会生产，人是有意识的存在物，动物则没有意识，不会劳动。动物只会按照本能来生产，满足自己的生存需求；人则可以通过自己的劳动来改造自然，把生活作为自己的改造对象。

"劳动创造了美"这个观点从宽泛的意义上揭示了美的产生。马克思是从实践的观点来看美的产生和美的根源问题。马克思指出，人通过劳动实践，按照"美的规律"来改造自然，形成自己的社会生活。马克思说："从理论领域说来，植物、动物、石头、空气、光等等，一方面作为自然科学的对象，一方面作为艺术的对象，都是人的意识的一部分，是人的精神的无机界，是人必须事先进行加工以便享用和消化的精神食粮；同样，从实践领域说来，这些东西也是人的生活和人的活动的一部分。"③自然界既为人提供基本的生存资料，也为人提供精神的食粮。一方面，人在改造自然的过程中获得生存所需的基本生存资料；另一方面，人又可以通过艺术、审美等实践活动，从自然界中获得精神食粮。因此，可以说，自然既可以作为科学的对象，也可以作为人类艺术审美的对象。

马克思认为，没有劳动加工的对象，劳动就不能存在，就没有劳动创造。劳动创造了美，离不开自然界，美的创造是在人对自然界的改造过程中完成的，是劳动实践的结果。

马克思说："没有自然界，没有感性的外部世界，工人就什么也不能创造。它是工人用来实现自己的劳动、在其中展开劳动活动、由其中生产出和借以生产出自己的产品的材料。但是，自然界一方面在这样的意义上给劳动提供生活资料，即没有劳动加工的对象，劳动就不能存在，另一方面，自然界也在更狭隘的意义上提供生活资料，即提供工人本身的肉体生存所需的资料。"④自然界为人的劳动实践提供了最基本的材料，没有自然界，就没有劳动的对象，美也就无法在劳动中产生。需要说明的是，劳动创造了美，但并不是说所有的美都来自劳动。自然

---

① 马克思.1844年经济学哲学手稿[M]// 马克思恩格斯全集：第四十二卷.北京：人民出版社，1979：93–94.
② 马克思.1844年经济学哲学手稿[M]// 马克思恩格斯全集：第四十二卷.北京：人民出版社，1979：96.
③ 马克思.1844年经济学哲学手稿[M]// 马克思恩格斯全集：第四十二卷.北京：人民出版社，1979：95.
④ 马克思.1844年经济学哲学手稿[M]// 马克思恩格斯全集：第四十二卷.北京：人民出版社，1979：92.

界中有许多自然风光是客观存在的美，如晚霞、高山、瀑布、落日等，并不是人通过劳动来创造的。

马克思还把人的审美能力与劳动和其他社会实践联系起来进行考察。马克思以人的生产活动为例指出，人的审美感受、审美欣赏是社会性的。马克思说："假定我们作为人进行生产。在这种情况下，我们每个人在自己的生产过程中就双重地肯定了自己和另一个人：（1）我在我的生产中物化了我的个性和我的个性的特点，因此我既在活动时享受了个人的生命表现，又在对产品的直观中由于认识到我的个性是物质的、可以直观地感知的因而是毫无疑问的权力而感受到个人的乐趣。（2）在你享受或使用我的产品时，我直接享受到的是：既意识到我的劳动满足了人的需要，从而物化了人的本质，又创造了与另一个人的本质的需要相符合的物品。（3）对你来说，我是你与类之间的中介人，你自己意识到和感觉到我是你自己本质的补充，是你自己不可分割的一部分，从而我认识到我自己被你的思想和你的爱所证实。（4）在我个人的生命表现中，我直接创造了你的生命表现，因而在我个人的活动中，我直接证实和实现了我的真正的本质，即我的人的本质，我的社会的本质。我们的生产同样是反映我们本质的镜子。"①

马克思的这段话说明：生产者可以欣赏自己生产的产品，别人也可以通过使用他的产品进而加以欣赏；别人对生产者的产品的欣赏，也是对他个人个性的一种欣赏；生产者个人可以成为别人的需要的不可分割的一部分。因此，可以说，

人的审美感受、审美欣赏都是社会性的。

5.1.2 美的规律

马克思在《1844年经济学哲学手稿》中提出了"美的规律"。马克思说："通过实践创造对象世界，即改造无机界，证明了人是有意识的类存在物，也就是这样一种存在物，它把类看作自己的本质，或者说把自身看作类存在物。诚然，动物也生产。它也为自己营造巢穴或住所，如蜜蜂、海狸、蚂蚁等。但是动物只生产它自己或它的幼仔所直接需要的东西；动物的生产是片面的，而人的生产是全面的；动物只是在直接的肉体需要的支配下生产，而人甚至不受肉体需要的支配也进行生产，并且只有不受这种需要的支配时才进行真正的生产；动物只生产自身，而人再生产整个自然界；动物的产品直接同它的肉体相联系，而人则自由地对待自己的产品。动物只是按照它所属的那个种的尺度和需要来建造，而人却懂得按照任何一个种的尺度来进行生产，并且懂得怎样处处都把内在的尺度运用到对象上去；因此，人也按照美的规律来建造。"②

在这里，马克思把人的生产与动物的生产进行了深刻的比较分析。马克思指出，动物会按照其肉体需求进行生产，其生产目的在于满足自身的生存和繁衍需求，是本能的、片面的。但是人的生产是自由的、全面的，甚至可以不受肉体需要的支配。人可以按照任何一个种的尺度进行生产，人能够按照自己的内在尺度和标准，根据美的规律去生产物品。马克思在人的生产与动物的生产的本质上揭示了美的规律。

我们需要对"种的尺度"和"人的内在的

---

① 马克思.詹姆斯·穆勒《政治经济学原理》一书摘要[M]//马克思恩格斯全集：第四十二卷.北京：人民出版社，1979：37.

② 马克思.1844年经济学哲学手稿[M]//马克思恩格斯全集：第四十二卷.北京：人民出版社，1979：96—97.

尺度"这两个概念进行说明。"尺度"这一概念是哲学家黑格尔在《小逻辑》中提出来的。黑格尔认为:"尺度就是一个事物的质的规定性,即一个事物之所以是该事物而不变成他事物的标准、界限、本质特征。"[①] 马克思吸收和继承了黑格尔的这一哲学思想,他在《1844年经济学哲学手稿》中所说的"尺度"就是指事物本身的质的规定性。所谓"种的尺度",指的就是某一个具体物种的本质的规定性。例如,蚂蚁、海狸等动物,它们只按照自己物种的本质特征来进行生产、繁衍。而人则可以按照任何一种种的尺度来进行有目的的建造和生产。"人的内在的尺度"是超越动物的"种的尺度"的,主要是指人的内在需求和生产的目的性。人可以根据自己实际的需求,按照特定的目的来进行建造和生产。人不只是按照"种的尺度"来被动地接受自然,而是可以按照自己的目的和意愿主动地干预自然、改造自然,把自己的尺度运用到自然对象上去,从而使"种的尺度"和"人的内在的尺度"有机统一起来。

在《资本论》中,马克思对这一问题进行了进一步的阐释。马克思说:"我们要考察的是专属于人的劳动。蜘蛛的活动与织工的活动相似,蜜蜂建筑蜂房的本领使人间的许多建筑师感到惭愧。但是,最蹩脚的建筑师从一开始就比最灵巧的蜜蜂高明的地方,是他在用蜂蜡筑蜂房以前,已经在自己的头脑中把它建成了。劳动过程结束时得到的结果,在这个过程开始时就已经在劳动者的表象中存在着,即已经观念地存在着。他不仅使自然物发生形式变化,同时他还在自然物中实现自己的目的,这个目的是他所知道的,是作为规律决定着他的活动的方式和方法的,他必须使他的意志服从这个目的。"[②] 在这里,马克思所说的人在劳动开始前就存在的观念中就包含着对美的规律的认识。因此,人才能在劳动中按照美的规律来生产物品,美才能体现在人化的自然中。

马克思在这里主要是从建造或者造型的角度来理解美的规律的。美的规律,在这里主要指的就是造型美的规律。人在从事物质生产或者艺术生产时,就会事先按照美的规律,根据"种的尺度"和"人的内在的尺度"制定蓝图和规划,按照特定的目的进行生产。

5.1.3 从人的本质问题出发思考审美

马克思指出,人与动物不同,动物只是依靠本能来生存、繁衍,人则可以自由自觉地进行本能之外的劳动、创造、审美活动等。审美活动是人的自由自觉的生命活动与类本质的最集中的体现。马克思提出了"人的本质的对象化"这一概念。

马克思在《1844年经济学哲学手稿》中指出:"因此,正是在改造对象世界中,人才真正地证明自己是类存在物。这种生产是人的能动的类生活。通过这种生产,自然界才表现为他的作品和他的现实。因此,劳动的对象是人的类生活的对象化:人不仅象在意识中那样理智地复现自己,而且能动地、现实地复现自己,从而在他所创造的世界中直观自身。"[③]

马克思曾经以人的感觉感官(包括美感)为例,说明了感觉感官是如何在这一实践互动过程

---

① 马驰. 马克思主义美学传播史 [M]. 桂林:漓江出版社,2001:26.

② 马克思. 资本论 [M]// 马克思恩格斯全集:第二十三卷. 北京:人民出版社,1972:202.

③ 马克思. 1844年经济学哲学手稿 [M]// 马克思恩格斯全集:第四十二卷. 北京:人民出版社,1979:97.

中产生发展的。马克思说:"另一方面,即从主体方面来看:只有音乐才能激起人的音乐感;对于没有音乐感的耳朵说来,最美的音乐也毫无意义,不是对象,因为我的对象只能是我的一种本质力量的确证,也就是说,它只能象我的本质力量作为一种主体能力自为地存在着那样对我存在,因为任何一个对象对我的意义(它只是对那个与它相适应的感觉说来才有意义)都以我的感觉所及的程度为限。所以社会的人的感觉不同于非社会的人的感觉。只是由于人的本质的客观地展开的丰富性,主体的、人的感性的丰富性,如有音乐感的耳朵、能感受形式美的眼睛,总之,那些能成为人的享受的感觉,即确证自己是人的本质力量的感觉,才一部分发展起来,一部分产生出来。因为,不仅五官感觉,而且所谓精神感觉、实践感觉(意志、爱等等),一句话,人的感觉、感觉的人性,都只是由于它的对象的存在,由于人化的自然界,才产生出来的。五官感觉的形成是以往全部世界历史的产物。囿于粗陋的实际需要的感觉只具有有限的意义。对于一个忍饥挨饿的人说来并不存在人的食物形式,而只有作为食物的抽象存在;食物同样也可能具有最粗糙的形式,而且不能说,这种饮食与动物的饮食有什么不同。忧心忡忡的穷人甚至对最美丽的景色都没有什么感觉;贩卖矿物的商人只看到矿物的商业价值,而看不到矿物的美和特性;他没有矿物学的感觉。因此,一方面为了使人的感觉成为人的,另一方面为了创造同人的本质和自然界的本质的全部丰富性相适应的人的感觉,无论从理论方面还是从实践方面来说,人的本质的对象化都是必要的。"①

---

① 马克思.1844年经济学哲学手稿[M]//马克思恩格斯全集:第四十二卷.北京:人民出版社,1979:125-126.

在这里,马克思所说的"人的本质力量"指的就是人的一切潜能。人的本质力量的对象化,就是指人对自然界、社会现实以及审美对象的改造。审美,正是人的本质力量之一。美和美感,正是在人与审美对象的改造互动过程中产生的。这就是马克思的实践论美学观点。马克思认为,美和美感是在审美主体与审美客体的实践互动关系中产生的。在这个实践互动过程中,人和审美对象都得到相互的改造。

如马克思所说的,人的五官的感觉的形成既是自然的产物,也是"以往全部世界历史"的产物。对于一个忍饥挨饿的人来说,食物只是他最基本的生存需要,是最粗陋的实际需要,而不是人的自由的、全面的本质追求。此时,人的需求与动物的本能需求并没有太大的区别。因此,这时虽然有了"食物"这种对象,但是它并没有实现真正的人的本质力量的对象化。马克思的这段话针对的主要是私有制社会中的情况,在私有制社会中穷人生活条件极为艰苦,每天都挣扎在温饱线上,而富人为了金钱、利益奔波忙碌,他们的审美能力受到了极大的限制。马克思明确指出了美感和人的实际生活需求之间的巨大差异性。对于那些囿于"粗陋的实际需要"的人来说,重要的只是实际需求,是不会产生美感的。随着人类社会的不断进步和发展,人们逐渐突破了最粗陋的实际需要的限制,发展出了与人的本质相适应的审美感觉和审美能力。

审美,就是人的本质力量之一,是人在改造自然、改造社会、改造自身的实践过程中产生和发展起来的。马克思所提出的"人的本质的对象化"这一概念是十分辩证的,深刻地揭示了人的本质与审美的本质之间的关联。

马克思后来进一步深化关于人的本质的思

想，在1845年完成的《关于费尔巴哈的提纲》中，马克思明确指出人是社会关系的总和。马克思说："费尔巴哈把宗教的本质归结于人的本质。但是，人的本质不是单个人所固有的抽象物，在其现实性上，它是一切社会关系的总和。费尔巴哈没有对这种现实的本质进行批判，因此他不得不：（1）撇开历史的进程，把宗教感情固定为独立的东西，并假定有一种抽象的——孤立的——人的个体。（2）因此，本质只能被理解为'类'，理解为一种内在的、无声的、把许多个人自然地联系起来的普遍性。"① 在这里，马克思批评费尔巴哈撇开历史进程，把人看成抽象的、孤立的个体。马克思反对这种不变的人的本质的思想，他认为人的本质是具体的、历史的，是特定时代和社会一切社会关系的总和。

5.1.4 在实践中提升审美能力

马克思在《1844年经济学哲学手稿》中还提出了提高审美能力对于审美活动的重要性。马克思说："如果你想得到艺术的享受，那你就必须是一个有艺术修养的人。如果你想感化别人，那你就必须是一个实际上能鼓舞和推动别人前进的人。你同人和自然界的一切关系，都必须是你的现实的个人生活的、与你的意志的对象相符合的特定表现。"② 马克思认为，一个人要想得到艺术的享受，就必须提高自身的艺术修养和审美能力。艺术修养和审美能力都是人的本质力量的一种，马克思说："人作为对象性的、感性的存在物，是一个受动的存在物；因为它感到自己是受动的，所以是一个有激情的存在物。激情、热情是人强烈追求自己的对象的本质力量。"③ 如果没有审美能力和一定的艺术修养，即使再美的事物放在自己眼前，他也感受不到美。例如，马克思指出的，那些没有音乐感的人，即使再动听的音乐他也欣赏不来，对他来说这些音乐毫无意义。

马克思的这一观点是对费尔巴哈哲学思想的继承。费尔巴哈指出："如果你毫无音乐欣赏能力，那末，即使是最优美的音乐，你也只把它当作耳边呼呼的风声，只当作是足下潺潺的溪声。当音调吸引住你的时候，其实究竟是什么东西吸引住你呢？你在音调中究竟听到些什么呢？除了你自己的心的声音以外，还会是什么呢？"④

审美能力和艺术修养的提升，需要经过长期的社会实践过程。正如马克思指出的，五官感觉的形成是以往全部世界历史的产物。马克思说："私有财产的扬弃，是人的一切感觉和特性的彻底解放；但这种扬弃之所以是这种解放，正是因为这些感觉和特性无论在主体上还是在客体上都变成人的。眼睛变成了人的眼睛，正象眼睛的对象变成了社会的、人的、由人并为了人创造出来的对象一样。因此，感觉通过自己的实践直接变成了理论家。"⑤ 人在社会实践中同自然界发生了广泛而深刻的联系，人们的感觉能力、审美能力在这一实践过程中不断丰富和深化，人的感觉逐渐成为"理论家"。美和美感都是社会实践的产物。

---

① 马克思.关于费尔巴哈的提纲[M]//中共中央马克思恩格斯列宁斯大林著作编译局.马克思恩格斯文集：第一卷.北京：人民出版社，2009：501.
② 马克思.1844年经济学哲学手稿[M]//马克思恩格斯全集：第四十二卷.北京：人民出版社，1979：155.
③ 马克思.1844年经济学哲学手稿[M]//马克思恩格斯全集：第四十二卷.北京：人民出版社，1979：169.
④ 路德维希·费尔巴哈.费尔巴哈哲学著作选集：下卷[M].荣震华，王太庆，刘磊，译.北京：商务印书馆，1984：34.
⑤ 马克思.1844年经济学哲学手稿[M]//马克思恩格斯全集：第四十二卷.北京：人民出版社，1979：124.

审美感觉受许多条件的制约，不同的时代、不同阶层、不同群体的人，大家的审美感觉是不一样的。如马克思指出的，忧心忡忡的穷人对最美丽的景色也没什么感觉，对一个忍饥挨饿的人来说，食物只是一种抽象的存在。因为忧心忡忡的穷人受自己生存条件的制约，只能首先关心自己的温饱问题如何解决，无暇顾及美丽的景色。如果是不愁吃穿的富人，他们不用为自己的生存发愁，不受这些客观条件的制约，他看到最美的景色时就会有不一样的审美感受。

要提高审美能力和艺术修养，还需要克服私有欲和膨胀的实用观念。马克思指出，贩卖矿物的商人看不到矿物的美，因为他们只是想通过矿物交易来赚钱，私有欲和发财的冲动占据了他们的内心。矿物商人的这种私有欲和发财的冲动阻碍了他美感的产生。同样，如果实用观念过于膨胀，人的美感的产生也会受到阻碍。因此，要提高审美能力和艺术修养，就需要克服私有欲和膨胀的实用观念。

5.2 马克思主义的审美反映论

马克思指出，文艺作为一种意识形态形式，是经济基础的上层建筑，它的性质是被经济基础决定的。作为社会意识形态的一种，文艺的内容就是反映社会生活。文学和艺术是对客观世界的一种审美反映。这就是马克思主义的审美反映论。马克思主义的审美反映论的提出，是对客观唯心主义和机械反映论的修正，是对德国古典哲学的批判继承。

5.2.1 文艺是对生活的审美反映

马克思在《〈政治经济学批判〉序言》中提出文艺是社会意识的一种形式，它的内容是反映社会生活，是由经济基础决定的上层建筑。

马克思在《〈政治经济学批判〉序言》中说："人们在自己生活的社会生产中发生一定的、必然的、不以他们的意志为转移的关系，即同他们的物质生产力的一定发展阶段相适合的生产关系。这些生产关系的总和构成社会的经济结构，即有法律的和政治的上层建筑竖立其上并有一定的社会意识形式与之相适应的现实基础。物质生活的生产方式制约着整个社会生活、政治生活和精神生活的过程。不是人们的意识决定人们的存在，相反，是人们的社会存在决定人们的意识。社会的物质生产力发展到一定阶段，便同它们一直在其中活动的现存生产关系或财产关系（这只是生产关系的法律用语）发生矛盾。于是这些关系便由生产力的发展形式变成生产力的桎梏。那时社会革命的时代就到来了。随着经济基础的变更，全部庞大的上层建筑也或慢或快地发生变革。在考察这些变革时，必须时刻把下面两者区别开来：一种是生产的经济条件方面所发生的物质的、可以用自然科学的精确性指明的变革，一种是人们借以意识到这个冲突并力求把它克服的那些法律的、政治的、宗教的、艺术的或哲学的，简言之，意识形态的形式。我们判断一个人不能以他对自己的看法为依据，同样，我们判断这样一个变革时代也不能以它的意识为根据；相反，这个意识必须从物质生活的矛盾中，从社会生产力和生产关系之间的现存冲突中去解释。无论哪一个社会形态，在它们所能容纳的全部生产力发挥出来以前，是决不会灭亡的；而新的更高的生产关系，在它存在的物质条件在旧社会的胎胞里成熟以前，是决不会出现的。"①

从马克思的这段话可以看出，人类社会是由经济基础和上层建筑两个部分组成的。经济基础主要是由生产关系的总和构成的，而上层建筑则主要包括文学、艺术、宗教、哲学、法律、政治等社会意识形式。社会存在决定人们的意识，经济基础的变化会带来上层建筑的变革。文艺是社会意识的一种，是对人们社会生活的反映，是由社会存在决定的。文学和艺术都是对社会生活的审美反映，它不同于哲学、历史、宗教、法律等。哲学主要是求真的，历史是求实的，法律是求善的，而文学和艺术则主要是审美的反映。从目的和功用上来说，文艺都是对世界的审美反映。

5.2.2 对客观唯心主义和机械反映论的修正

马克思提出的审美反映论是对以表现论为代表的客观唯心主义和以模仿论为代表的机械反映论的修正。

表现论认为，文艺的本质是对人的情感、内心、主观精神等的表现。表现论的代表人物有英国的华兹华斯、古希腊的朗吉努斯、意大利的克罗齐等。

华兹华斯是英国湖畔诗派的代表人物之一，是英国浪漫主义运动初期的代表性诗人。华兹华斯提出："诗是强烈情感的自然流露。"1798年，英国诗人华兹华斯和柯勒律治共同出版了《抒情歌谣集》。华兹华斯为这本《抒情歌谣集》写了序言，阐述了自己的诗歌理想。华兹华斯说："这些诗的主要目的，是在选择日常生活里的事件和情节，自始至终竭力采用人们真正使用的语言来加以叙述或描写，同时在这些事件和情节上加上一种想象的光彩，使日常的东西在不平常的状态下呈现在心灵面前；最重要的是从这些事件和情节中真实地而非虚浮地探索我们的天性的根本规律——主要是关于我们在心情振奋的时候如何把各个观念联系起来的方式，这样就使这些事件和情节显得富有趣味。"②《抒情歌谣集》中收录的正是这些用自然语言描绘的日常生活的作品。华兹华斯指出："我曾经说过，诗是强烈情感的自然流露。它起源于在平静中回忆起来的情感。诗人沉思这种情感直到一种反应使平静逐渐消逝，就有一种与诗人所沉思的情感相似的情感逐渐发生，确实存在于诗人的心中。"③华兹华斯认为，诗歌的本质是诗人内心的情感的外化，诗歌存在于诗人主体对审美对象的审美观照中。

古希腊的朗吉努斯分析了激情与崇高的关系，他认为诗歌中强烈的情感能够引起读者的内心共鸣，这才能保证诗歌的崇高性。朗吉努斯在《论崇高》中说："我要满怀信心地宣称，没有任何东西像真情的流露得当那样能够导致崇高；这种真情如醉如狂，涌现出来，听来犹如神的声音。"④

意大利的克罗齐提出"美就是直觉，直觉就是表现，表现就是艺术"。克罗齐在《美学原理》中指出："每一个真直觉或表象同时也是表现。没有在表现中对象化了的东西就不是直觉或

---

① 马克思.《政治经济学批判》序言[M]//马克思恩格斯全集：第十三卷.北京：人民出版社，1962：8-9.

② 华兹华斯.《抒情歌谣集》一八〇〇年版序言[M]//伍蠡甫.西方文论选：下卷.上海：上海译文出版社，1979：5.

③ 华兹华斯.《抒情歌谣集》一八〇〇年版序言[M]//伍蠡甫.西方文论选：下卷.上海：上海译文出版社，1979：17.

④ 孟庆枢.西方文论选[M].北京：高等教育出版社，2002：35.

表象，就还只是感受和自然的事实。心灵只有借造作、赋形、表现才能直觉。若把直觉与表现分开，就永没有办法把它们再联合起来。"①

以华兹华斯、朗吉努斯、克罗齐为代表的文艺表现论，属于客观唯心主义。马克思主义的审美反映论是对这种客观唯心主义的修正。同华兹华斯等人提出的诗人内心情感等主观的东西相比，马克思所提出的社会生活显然是更客观、包容性更强的概念。人民大众的社会生活中也可以包含民众的个人情感等主观性的内容。从内涵和外延来说，马克思主义的审美反映论所倡导的社会生活都比表现论的个人情感要深广得多。

模仿论认为，文艺是对自然界和社会现实生活的模仿、反映和再现。

柏拉图认为，世界是一个以"理念"为中心的三层结构："第一层是理念世界，它是世界的本原，是最真实的；第二层是现实世界，是对理念世界的模仿，它的真实性在理念世界之下，但在艺术世界之上；第三层是艺术世界，是对现实世界的模仿，它的真实性又比现实世界要差，被认为是'模仿的模仿''影子的影子'。"②

柏拉图在《理想国》中以三张床为例，阐述了自己的观点："苏：好吧。假设现在这里有三张床：一张是由神明创造的，存在于自然当中。我想除了他，没有人能被称为创造者了吧?

格：是的。

苏：另外一张就是工匠制作的？

格：是的。

苏：画家的就是第三张？

格：是的。

苏：这三种床，分别由神明、工匠和画家这三种人制作而成，对吧？

格：是的，有三种。

苏：不管是出于选择还是需要，神明只会在自然界中创造出唯一的一张床，而不会再去做第二张或者第三张这样完美的床的。

格：为何呢？

苏：因为这张完美的床一旦做出来，床的概念就有了，后面第二张和第三张床都只是依照第一张床的概念去制作罢了。所以只有第一张才称得上完美的床，后面的都只是模仿。"③在这里，柏拉图认为，只有神明制作的床的"理念"或者说"概念"是床的真实体，而工匠制作的床只是对这种"概念"的模仿，而艺术家创作出来的"床"则是对工匠制作出来的现实世界中床的模仿，是"模仿的模仿"。

亚里士多德继承和发展了柏拉图的模仿论思想。亚里士多德在《诗学》中提出，模仿包括三个方面，即模仿的媒介、模仿的对象和模仿的方式。亚里士多德指出："史诗和悲剧、喜剧和酒神颂以及大部分双管箫乐和竖琴乐——这一切实际上是摹仿，只是有三点差别，即摹仿所用的媒介不同，所取的对象不同，所采的方式不同。"④亚里士多德还进一步指出，艺术的价值主要在于模仿的形式，他说："经验证明了这样一点：事物本身看上去尽管引起痛感，但惟妙惟肖的图像看上去却能引起我们的快感，例如尸首或最可鄙的动物形象。（其原因也是由于求知不仅对哲学

---

① 孟庆枢．西方文论选[M]．北京：高等教育出版社，2002：324.
② 《艺术学概论》编写组．艺术学概论[M]．北京：高等教育出版社，2019：15.
③ 柏拉图．理想国[M]．张莎，刘雪斐，苏焕，译．北京：中国纺织出版社有限公司，2020：313.
④ 亚里士多德．诗学[M]．罗念生，译．北京：人民文学出版社，2002：3.

家是最快乐的事,对一般人亦然,只是一般人求知的能力比较薄弱罢了。我们看见那些图像所以感到快感,就因为我们一面在看,一面在求知,断定每一事物是某一事物,比方说,'这就是那个事物'。假如我们从来没有见过所摹仿的对象,那么我们的快感就不是由于摹仿的作品,而是由于技巧或着色或类似的原因。)"①

从文艺复兴时期开始,亚里士多德的模仿论被发展为"镜子说",以达·芬奇和莎士比亚为代表。

模仿论和"镜子说"实际上都是一种机械反映论,忽视了人们的主观能动性和主客观之间的辩证关系。马克思主义的审美反映论修正了机械反映论的缺点。马克思主义的审美反映论是辩证的、能动的。马克思认为,社会存在决定社会意识,经济基础决定上层建筑;但是社会意识、上层建筑反过来也会对社会存在和经济基础产生影响。

5.2.3 对德国古典哲学的批判继承

马克思主义的审美反映论批判继承了德国古典哲学,尤其是康德和黑格尔这两位哲学家的思想。马克思主义的审美反映论,批判继承了以黑格尔为代表的客观唯心主义审美观和以康德为代表的主观唯心主义审美观,创立了历史唯物主义的审美反映论。

黑格尔的美学思想对马克思、恩格斯影响巨大。马克思、恩格斯青年时都曾十分推崇黑格尔的哲学思想。黑格尔是德国古典美学的最重要的代表人物之一,他的美学思想主要是客观唯心主义的。黑格尔提出"美是理念的感性显现"。黑格尔认为,"绝对理念"是客观存在的,先有

"绝对理念",后有宇宙世界。黑格尔在《美学》第一卷中,对美进行了定义,黑格尔指出:"我们前已说过,美就是理念,所以从一方面看,美与真是一回事。这就是说,美本身必须是真的。但是从另一方面看,说得更严格一点,真与美却是有分别的。说理念是真的,就是说它作为理念,是符合它的自在本质与普遍性的,而且是作为符合自在本质与普遍性的东西来思考的。所以作为思考对象的不是理念的感性的外在的存在,而是这种外在存在里面的普遍性的理念。但是这理念也要在外在界实现自己,得到确定的现前的存在,即自然的或心灵的客观存在。真,就它是真来说,也存在着。当真在它的这种外在存在中是直接呈现于意识,而且它的概念是直接和它的外在现象处于统一体时,理念就不仅是真的,而且是美的了。美因此可以下这样的定义:美就是理念的感性显现。"②那么,什么东西符合黑格尔所说的"理念的感性显现"呢?就是文艺之美,尤其是文艺典型,黑格尔称之为一个"这个"。

恩格斯在给敏娜·考茨基的回信中,表明了自己对黑格尔相关美学思想的接受。在谈到敏娜·考茨基创作的《旧人和新人》时,恩格斯谈了关于塑造人物典型的看法,恩格斯说:"《旧人和新人》我已经看过了,衷心地感谢您寄给我这本书。您在这本书里对盐矿工人生活的描写,就像在《斯蒂凡》里对农民生活的描写一样出色。对维也纳社交界的描写大部分也是很好的。维也纳的确是唯一有社交界的德国城市,柏林只有一些'固定的小圈子',而更多是不固定的,因此,在那里只有描写文人、官僚和优伶的那种小说的地盘。在您的作品的这一部分里,情节有

---

① 亚里士多德.诗学[M].罗念生,译.北京:人民文学出版社,2002:10.

② 黑格尔.美学:第一卷[M].朱光潜,译.北京:商务印书馆,2020:142.

的地方是否发展得太急促了一些,您比我更能作出判断;使我们的人得到这种印象的许多东西,在维也纳可能是完全自然的,因为那里具有把南欧和东欧的各种因素混合在一起的独特的国际性质。对于这两种环境里的人物,我认为您都用您平素的鲜明的个性描写手法给刻画出来了;每个人都是典型,但同时又是一定的单个人,正如老黑格尔所说的,是一个'这个',而且应当是如此。"①

从恩格斯给敏娜·考茨基的回信内容可以看出,马克思主义的审美反映论继承了黑格尔的美学思想。

康德的古典美学思想也对马克思主义的审美反映论产生了重要的影响。康德的美学思想可以说是一种主观唯心主义的美学。康德认为,审美是一种很主观的东西。康德在《判断力批判》中指出:"为了判别某一对象是美或不美,我们不是把[它的]表象凭借悟性连系于客体以求得知识,而是凭借想象力(或者想象力和悟性相结合)连系于主体和它的快感和不快感。鉴赏判断因此不是知识判断,从而不是逻辑的,而是审美的。至于审美的规定根据,我们认为它只能是主观的,不可能是别的。但是一切表象间的关系,甚至于感觉间的关系,却能够是客观的(在这场合,这种关系就意味着一个经验表象的实在体);但快感与不快感就不能是这样了,在这里完全没有表示着客体方面的东西,而只是这主体因表象的刺激而引起自觉罢了。"②在这里,康德明确地指出,审美是一种主观的活动。康德进一步指出,审美与人的主观感受联系紧密,不能忽视作为审美主体的人的感受。康德说:"人们容易看出:若果说一个对象是美的,以此来证明我有鉴赏力,关键是系于我自己心里从这个表象看出什么来,而不是系于这事物的存在。"③显然,康德认为,一个事物是否是美的,取决于审美主体的主观感受,而不是事物自身的客观存在。康德以一座宫殿的审美为例,阐明了自己的这一观点。康德说:"如果有人来问我,对于在眼前看到的宫殿我是否发现它美,我固然可以说:我不爱这一类陡然为着人们瞠目惊奇的事物,或是,像那位易洛魁人的沙赫姆那样来答复,他在巴黎就没有感到比小食店使他更满意的东西;此外我还可以照卢梭的样子骂大人物们的虚荣浮华,不惜把人民的血汗浪费在这些无用的东西上面;最后我还可以很容易地理解,假使我在一个无人住的岛上没有重新回到人类社会里的希望,即使只要我一想念就会幻出一座美丽的宫殿,我也不愿为它耗费这种气力,假使我已经有了一个住得很舒适的茅屋。"④从康德所举的这个例子可以看出,我们对同一座宫殿的审美判断,取决于审美主体的不同感受。

马克思继承和发展了康德的这一美学思想。马克思指出,文艺的审美不仅与审美主体的主观感受密切相关,而且与人的实际生活环境、处境、阶级状态等都有紧密的联系。马克思在《1844年经济学哲学手稿》中指出:"对于一个忍饥挨饿的人说来并不存在人的食物形式,而只有作为食物的抽象存在;食物同样也可能具有最

---

① 恩格斯.致敏娜·考茨基[M]//马克思恩格斯全集:第三十六卷.北京:人民出版社,1974:384.
② 康德.判断力批判:上卷[M].宗白华,译.北京:商务印书馆,2009:33-34.
③ 康德.判断力批判:上卷[M].宗白华,译.北京:商务印书馆,2009:35.
④ 康德.判断力批判:上卷[M].宗白华,译.北京:商务印书馆,2009:35.

粗糙的形式，而且不能说，这种饮食与动物的饮食有什么不同。忧心忡忡的穷人甚至对最美丽的景色都没有什么感觉；贩卖矿物的商人只看到矿物的商业价值，而看不到矿物的美和特性；他没有矿物学的感觉。"① 忧心忡忡的穷人每天都在为自己的温饱问题而发愁，他们内心的感受被这种焦虑主导着，因此再美的景色也不会引起他们的注意；而那些贩卖矿物的商人每天只想着如何赚更多的钱，他们内心的感受被金钱利益主导着，他们也看不到矿物本身的美。这充分说明，人的审美与其自身的身份、处境、经济状态等都有着十分紧密的联系。

---

① 马克思.1844年经济学哲学手稿[M]// 马克思恩格斯全集：第四十二卷.北京：人民出版社，1979：126.

第 6 章 马克思主义的现实主义文艺观

马克思、恩格斯都十分推崇现实主义，现实主义文艺理论是马克思主义文艺理论的重要组成部分。现实主义是一种文学思潮和创作方法，兴起于19世纪的欧洲，其主要特点是注重对客观现实的描绘、对典型人物和典型环境的描写、具有一定的批判性。本章将对马克思主义的现实主义文艺观进行介绍。

6.1 文艺创作的真实性原则

马克思和恩格斯认为现实主义的文艺创作必须坚持真实性的原则。所谓现实主义的真实性原则，就是指文艺创作应当能够反映客观的社会生活。

6.1.1 马克思主义的现实主义文艺观的形成过程

马克思主义的现实主义文艺观肇始于19世纪40年代，此后不断发展、深化，到19世纪50年代末达到成熟阶段。

19世纪40年代，马克思、恩格斯已经形成了初步的现实主义文艺思想。马克思在《神圣家族》中对欧仁·苏《巴黎的秘密》的评论就包含着现实主义的文艺思想。19世纪50年代，马克思、恩格斯的现实主义文艺思想有了进一步的发展。1854年，马克思在《英国资产阶级》一文中高度赞扬了狄更斯等现实主义作家。马克思、恩格斯在《〈新莱茵报·政治经济理论〉第4期上发表的书评》中，明确提出了文艺创作的真实性问题。

1859年，恩格斯在《恩格斯致斐迪南·拉萨尔》中提出："我认为，我们不应该为了观念的东西而忘掉现实主义的东西，为了席勒而忘掉莎士比亚，根据我对戏剧的这种看法，介绍那时的五光十色的平民社会，会提供完全不同的材料使剧本生动起来，会给在前台表演的贵族的国民运动提供一幅十分宝贵的背景，只有在这种情况下，才会使这个运动本身显出本来的面目。"[1] 这是他第一次把"现实主义"这一范畴作为文艺创作的原则和方法，并加以提倡。恩格斯在给斐迪南·拉萨尔的回信中，谈到了一系列现实主义的文艺创作问题，包括艺术家如何再现真实的社会生活、如何处理环境与人物的关系等。

---

[1] 恩格斯.恩格斯致斐迪南·拉萨尔[M]//马克思恩格斯全集：第二十九卷.北京：人民出版社，1972：585.

6.1.2 现实主义的真实性

按照马克思主义的唯物主义认识论，文艺是对客观的社会生活的反映。现实主义的文艺创作能够反映出社会生活的客观真实性，"文艺真实性的基本涵义，是按照事物的本来面目，既不歪曲也不美化地去忠实地描写事物所获得的一种属性"①。

马克思曾经高度赞扬狄更斯等英国现实主义作家，认为他们的小说反映了英国社会的客观真实生活。马克思在《英国资产阶级》一文中指出："现代英国的一批杰出的小说家，他们在自己的卓越的、描写生动的书籍中向世界揭示的政治和社会真理，比一切职业政客、政论家和道德家加在一起所揭示的还要多。他们对资产阶级的各个阶层，从'最高尚的'食利者和认为从事任何工作都是庸俗不堪的资本家到小商贩和律师事务所的小职员，都进行了剖析。狄更斯、沙克莱、白朗特女士和加斯克耳夫人把他们描绘成怎样的人呢？把他们描绘成一些骄傲自负、口是心非、横行霸道和粗鲁无知的人；而文明世界用一针见血的讽刺诗印证了这一判决。这首诗就是：'上司跟前，奴性活现；对待下属，暴君一般。'"②

马克思、恩格斯主张文艺创作的真实性，反对过于理想化的创作倾向。马克思和恩格斯对画家伦勃朗高度赞赏："如果用伦勃朗的强烈色彩把革命派的领导人——无论是革命前的秘密组织里的或是报刊上的，或是革命时期中的正式领导人——终于栩栩如生地描绘出来，那就太理想了。在现有的一切绘画中，始终没有把这些人物真实地描绘出来，而只是把他们画成一种官场人物，脚穿厚底靴，头上绕着灵光圈。在这些形象被夸张了的拉斐尔式的画像中，一切绘画的真实性都消失了。"③作为欧洲"文艺复兴三杰"之一，拉斐尔一生创作了大量的圣母像，如《西斯廷圣母》《草地上的圣母》《花园中的圣母》等。拉斐尔按照天主教教义，把圣母进行了理想化创作，他笔下的圣母形象都是崇高、温柔、秀美的，充满了母性的温情和人文主义的理想。在马克思和恩格斯看来，拉斐尔的绘画是理想化的，失去了绘画的真实性。伦勃朗是17世纪荷兰最伟大的现实主义画家，他善于运用色彩和明暗对比的画法反映社会生活，善于把握人物内心情感的变化。从他们的评论中可以看出，马克思、恩格斯主张，文艺创作应当坚持真实性的原则，描绘栩栩如生的人物，他们反对拉斐尔式的过于理想化的文艺创作。1885年，恩格斯在《致敏娜·考茨基》中，再次谈到了文艺创作的理想化，他批评《旧人与新人》中阿尔诺德的人物形象太过于理想化，恩格斯说："但是，为了表示公正，我还要指出某种缺点来，在这里我来谈谈阿尔诺德。这个人确实太完美无缺了，如果他最终在一次山崩中死掉了，那末，除非人们推说他不见容于这个世界，才能把这种情形同文学上的扬善惩恶结合起来。可是，如果作者过分欣赏自己的主人公，那总是不好的，而据我看来，您在这里也多少犯了这种毛病。爱莎即使已经被理想化了，但还保有一定的个性描写，而在阿尔诺德

---

① 吕德申.马克思主义文艺理论发展史[M].北京：高等教育出版社，1990：99.
② 马克思.英国资产阶级[M]//马克思恩格斯全集：第十卷.北京：人民出版社，1962：686.

③ 马克思，恩格斯.《新莱茵报·政治经济评论》第4期上发表的书评[M]//马克思恩格斯全集：第七卷.北京：人民出版社，1959：313.

身上，个性就更多地消融到原则里去了。"①

马克思和恩格斯都十分推崇英国戏剧家莎士比亚的创作风格。莎士比亚的戏剧创作很好地反映出英国社会的真实状况。恩格斯对《温莎的风流娘儿们》评价很高，他在1873年12月10日写给马克思的信中说："单是《风流娘儿们》②的第一幕就比全部德国文学包含着更多的生活气息和现实性。"③

莎士比亚的经典喜剧《温莎的风流娘儿们》，真实再现了文艺复兴时期的欧洲社会生活。该剧通过对福斯塔夫形象的塑造，讽刺了欧洲文艺复兴时期的没落骑士。福斯塔夫是一个没落的骑士，他贪财好色，为了占有福德家和培琪家的财产，他同时给福德的老婆和培琪娘子写情书，妄图勾引这两位温莎的风流女人："我要去接管她们两人的全部富源，她们两人便是我的两个国库；她们一个是东印度，一个是西印度，我就在这两地之间开辟我的生财大道。你给我去把这信送给培琪大娘；你给我去把这信送给福德大娘。"④但是，剧中培琪大娘和福德大娘两位女性非常聪明、机智、勇敢，她们不仅忠于丈夫和家庭，而且略施巧计将福斯塔夫这个贪财好色之徒戏弄了三次：第一次，福斯塔夫被装进脏衣服篓子，扔进了泰晤士河；第二次他被打扮成老妖婆，被福德用棍子狠揍一顿；第三次，他化装成戴着鹿角的赫恩，被众人用手拧、用蜡烛烫，丢尽了颜面。她们释放天性、勇敢坚毅、聪明过人，展现了中世纪之后、文艺复兴时期新女性的形象，闪耀着人文主义的光辉。

《哈姆莱特》是莎士比亚悲剧艺术的巅峰之作，该剧也深刻反映出当时英国社会的现实状况。主角哈姆莱特可以说是一位典型的人文主义者。作为一名在德国受过良好教育的王子，哈姆莱特像当时的许多人文主义者一样，相信科学、理性，即使见到了父亲的亡魂，听到了克劳狄斯的罪行，他仍然保持清醒，要通过自己的验证才能相信。哈姆莱特是当时英国社会少数人文主义者的代表。而哈姆莱特的叔父克劳狄斯则是当时英国封建腐朽势力的典型代表。克劳狄斯心狠手辣、诡计多端，他用毒药毒死了自己的兄长，攫取了王位，又娶了自己的嫂子，有悖人伦。当他发现哈姆莱特可能发觉了自己的罪行后，又设计把哈姆莱特送到英国，想要借机杀死哈姆莱特。哈姆莱特与克劳狄斯之间的矛盾冲突，实际上反映的是英国社会人文主义者与封建腐朽势力之间的矛盾，反映了伊丽莎白女王统治末年的英国社会现实。

除了莎士比亚，现实主义文艺的另一个典型作家就是法国作家巴尔扎克。马克思、恩格斯都十分欣赏巴尔扎克的现实主义创作风格。恩格斯在给玛格丽特·哈克奈斯的回信中赞扬巴尔扎克的现实主义创作说：

"巴尔扎克，我认为他是比过去、现在和未来的一切左拉都要伟大得多的现实主义大师，他在《人间喜剧》里给我们提供了一部法国'社会'特别是巴黎'上流社会'的卓越的现实主义历史，他用编年史的方式几乎逐年地把上升的资产阶级在1816年至1848年这一时期对贵族社

---

① 恩格斯.致敏娜·考茨基[M]//马克思恩格斯全集：第三十六卷.北京：人民出版社，1974：384.
② 恩格斯此处所说《风流娘儿们》即《温莎的风流娘儿们》。
③ 恩格斯.恩格斯致马克思（1873年12月10日）[M]//马克思恩格斯全集：第三十三卷.北京：人民出版社，1973：108.
④ 莎士比亚.温莎的风流娘儿们[M]//莎士比亚全集：第五卷.朱生豪，等，译.长春：时代文艺出版社，2017：1746.

会日甚一日的冲击描写出来，这一贵族社会在1815年以后又重整旗鼓，尽力重新恢复旧日法国生活方式的标准。他描写了这个在他看来是模范社会的最后残余怎样在庸俗的、满身铜臭的暴发户的逼攻之下逐渐灭亡，或者被这一暴发户所腐化；他描写了贵妇人（她们对丈夫的不忠只不过是维护自己的一种方式，这和她们在婚姻上听人摆布的方式是完全相适应的）怎样让位给专为金钱或衣着而不忠于丈夫的资产阶级妇女。在这幅中心图画的四周，他汇集了法国社会的全部历史，我从这里，甚至在经济细节方面（如革命以后动产和不动产的重新分配）所学到的东西，也要比从当时所有职业的历史学家、经济学家和统计学家那里学到的全部东西还要多。"①

6.2 现实主义的基本特征

"莎士比亚化"是马克思主义现实主义文艺观的基本特征，是马克思、恩格斯对莎士比亚创作经验和特点的科学概括与总结。在提倡"莎士比亚化"的同时，他们反对"席勒式"的创作。本节将对"莎士比亚化""席勒式""典型人物"等概念进行阐释。

6.2.1 莎士比亚化

马克思和恩格斯都对莎士比亚的创作赞赏有加。在《恩格斯致斐迪南·拉萨尔》中，恩格斯说："古代人的性格描绘在今天是不再够用了，而在这里，我认为您可以毫无害处地稍微多注意莎士比亚在戏剧发展史上的意义。"②马克思在给拉萨尔的回信中，也提到了莎士比亚，马克思说："这样，你就得更加莎士比亚化，而我认为，你的最大缺点就是席勒式地把个人变成时代精神的单纯的传声筒。你自己不是也有些象你的弗兰茨·冯·济金根一样，犯了把路德式的骑士反对派看得高于闵采尔式的平民反对派这样一种外交错误吗？"③在这里，马克思明确提出了"莎士比亚化"的概念。

莎士比亚化，可以从以下三个方面来理解。第一，文艺工作者应当严格按照社会生活的客观现实来进行创作，客观反映广阔的社会生活；第二，文艺创作应当正确处理好环境与人物的关系，对特定环境中的典型人物进行深刻的描写，进而揭示复杂的社会生活的本质；第三，好的文艺创作应当具有丰富的情节和生动的语言描写。

文艺工作者要严格按照社会生活的客观现实来进行创作，客观反映广阔的社会生活。莎士比亚曾在《哈姆莱特》中借剧中人物哈姆莱特的语言来表达自己的艺术创作理念。在《哈姆莱特》第三幕第二场的开头，哈姆莱特在与伶甲进行对话时说："可是太平淡了也不对，你应该接受你自己的常识的指导，把动作和言语互相配合起来；特别要注意到这一点，你不能越过自然的常道；因为任何过分的表现都是和演剧的原意相反的，自有戏剧以来，它的目的始终是反映自然，显示善恶的本来面目，给它的时代看一看它自己演变发展的模型。要是表演得过分了或者太懈怠了，虽然可以博外行的观众一笑，明眼之士却要

---

① 恩格斯.致玛格丽特·哈克奈斯[M]// 马克思恩格斯全集：第三十七卷.北京：人民出版社，1971：41-42.

② 恩格斯.恩格斯致斐迪南·拉萨尔[M]// 马克思恩格斯全集：第二十九卷.北京：人民出版社，1972：583.

③ 马克思.马克思致斐迪南·拉萨尔[M]// 马克思恩格斯全集：第二十九卷.人民出版社，1972：574.

因此而皱眉；你必须看重这样一个卓识者的批评甚于满场观众盲目的毁誉。"①

从以上这段话语不难看出，莎士比亚的创作理念，就是要按照社会生活的本来面貌进行创作，反映"自然的常道"，既不能太平淡，也不能太过分。莎士比亚认为，戏剧就是时代的缩影，戏剧的目的就是反映自然。正如莎士比亚展示给我们的一样，他的戏剧呈现给我们的就像社会生活本身一样生动、真实、精彩。莎士比亚的大部分戏剧作品都真实地再现了16—17世纪英国的社会生活。恩格斯在谈到莎士比亚的喜剧时说："不管剧中的情节发生在什么地方——在意大利，在法国，或在纳瓦腊，——其实展现在我们眼前的基本上总是欢乐的英国，莎士比亚笔下古怪的乡巴佬、精明过人的学校教师、可爱又乖僻的妇女全都是英国的，总之，你会感到，这样的情节只有在英国的天空下才能发生。"②

《奥瑟罗》是莎士比亚创作的一出悲剧，与《哈姆莱特》《李尔王》《麦克白》并称莎士比亚四大悲剧。自问世以来，《奥瑟罗》在许多国家被搬上舞台，久演不衰，产生了很大的影响。《奥瑟罗》讲述了威尼斯城邦的黑脸将军奥瑟罗与元老勃拉班修之女苔丝狄蒙娜的爱情故事。奥瑟罗与苔丝狄蒙娜自由恋爱，并冲破重重阻碍走向婚姻殿堂。但是，奥瑟罗的下属伊阿古嫉贤妒能，十分奸诈，他觊觎苔丝狄蒙娜的美貌，于是就想方设法阻碍奥瑟罗与苔丝狄蒙娜结婚。在伊阿古的诡计诱骗之下，奥瑟罗误以为苔丝狄蒙娜与他人有染，两人之间产生了嫌隙。最终在嫉妒和怀疑的驱使下，奥瑟罗冲昏了头脑，在新婚之夜掐死了苔丝狄蒙娜。在伊阿古揭穿真相后，奥瑟罗含恨自刎而亡。《奥瑟罗》看似是一部爱情悲剧，但其深刻反映出当时英国社会的真实状况。主人公奥瑟罗是一位黑脸的摩尔人，他代表的是当时的非洲裔边缘文化，是有色异邦人物，而苔丝狄蒙娜则代表着当时的欧洲裔主流文化，代表着白色基督徒。如韦虹、黄顺红所指出的，"在伊丽莎白时代，'非洲人是早期英格兰人数最多，也是最显眼的异化民族，每日都是伦敦街头一景，参与了各种形式的文化展览'"③。奥瑟罗就是这些非洲裔中的佼佼者，是异化种族中的优秀分子，但是实际上这些异化种族优秀分子的地位还不如当时的欧洲女性。《奥瑟罗》深刻地反映出当时的英国社会存在着严重的种族歧视和阶层不平等现象。例如，在《奥瑟罗》第一幕第一场中，伊阿古对元老勃拉班修说："哼！先生，有人偷了您的东西去啦，还不赶快披上您的袍子！您的心碎了，您的灵魂已经丢掉半个；就在这时候，就在这一刻工夫，一头老黑羊在跟您的白母羊交尾哩。起来，起来！打钟惊醒那些鼾睡的市民，否则魔鬼要让您抱外孙啦。喂，起来！"④"您把我们当作了坏人，所以把我们的好心看成了恶意，宁愿让您的女儿给一头黑马骑了，替您生下一些马子马孙，攀一些马亲马眷。"⑤剧中，伊阿古将奥瑟罗比作"老黑羊""黑马"，显示出当时欧洲白人对非洲裔黑人

---

① 莎士比亚.哈姆莱特[M]//莎士比亚全集：第七卷.朱生豪，等，译.长春：时代文艺出版社，2017：2707-2708.
② 马克思恩格斯论艺术：第四卷[M].曹葆华，等，译.北京：中国社会科学出版社，1985：335.
③ 韦虹，黄顺红.从另一角度看《奥赛罗》[J].中国戏剧，2007（1）：63.
④ 莎士比亚.奥瑟罗[M]//莎士比亚全集：第七卷.朱生豪，等，译.长春：时代文艺出版社，2017：2788.
⑤ 莎士比亚.奥瑟罗[M]//莎士比亚全集：第七卷.朱生豪，等，译.长春：时代文艺出版社，2017：2788-2789.

的种族歧视。因此，可以说，奥瑟罗与苔丝狄蒙娜之间的悲剧，不仅仅是伊阿古的诡计造成的，实际上更是种族歧视与阶层不平等造成的。

文艺创作应当正确处理好环境与人物的关系，对特定环境中的典型人物进行深刻的描写，进而揭示复杂社会生活的本质。

莎士比亚化，是马克思和恩格斯针对斐迪南·拉萨尔创作的历史剧《弗兰茨·冯·济金根》提出来的一个概念。拉萨尔在创作《弗兰茨·冯·济金根》这一历史剧时，没有注意到农民运动在当时已经达到高潮，没有把农民运动放在一个重要的位置上来描述。他在剧中夸大了骑士暴动和骑士代表人物的作用，细致描述运动中的"官方分子"。农民运动和运动中的代表人物都只是居于次要地位。拉萨尔在《弗兰茨·冯·济金根》中的描述与16世纪德国的真实情况是相违背的。16世纪德国的主要革命力量是农民和城市平民，而不是骑士。因此，马克思、恩格斯批评拉萨尔的这种创作立场和倾向，批评他忽视了农民运动和运动中的代表人物。

恩格斯说："在这里，真正悲剧的因素出现了；而且正是由于这种意义，我认为在第三幕里应当对这方面更强调一些，在那里是有很多机会这样做的。但是，我现在又回到次要问题上来了。——那个时期的城市和诸侯的态度在许多场合都是描写得非常清楚的，因此那时的运动中的所谓官方分子差不多被您描写得淋漓尽致了。但是，我认为对非官方的平民分子和农民分子，以及他们的随之而来的理论上的代表人物没有给予应有的注意。农民运动象贵族运动一样，也是一种国民运动，也是反对诸侯的运动，遭到了失败的农民运动的那种斗争的巨大规模，与抛弃了济金根的贵族甘心扮演宫廷侍臣的历史角色的那种轻率举动，正是一个鲜明的对照。因此，在我看来，即使就您对戏剧的观点（您大概已经知道，您的观点在我看来是非常抽象而又不够现实的）而言，农民运动也是值得进一步研究的；那个有约斯·弗里茨出现的农民场面的确有它的独到之处，而且这个'蛊惑者'的个性也描绘得很正确，只是同贵族运动比起来，它却没有充分表现出农民运动在当时已经达到的高潮。"[1]

从恩格斯的上述批评中可以看出，莎士比亚化要求创作者必须为剧中的人物提供一个真实的能够反映现实关系和时代特点的环境，就是后来恩格斯在给哈克奈斯的信中提出的"典型环境"。莎士比亚特别擅长塑造典型环境中的人物形象，如《温莎的风流娘儿们》中的福斯塔夫，《奥瑟罗》中的奥瑟罗、伊阿古，《哈姆莱特》中的哈姆莱特，《威尼斯商人》中的夏洛克等。

哈姆莱特是莎士比亚塑造的一个典型人物形象。哈姆莱特的人物性格十分复杂，他既理智、清醒、聪慧、果敢、坚毅，而又犹豫、怯懦。当哈姆莱特从父亲亡魂口中得知他的叔父克劳狄斯用诡计杀兄娶嫂、夺取王位的事情之后，他并没有完全相信这是事实。他通过让戏班伶人演绎国王杀兄娶嫂的故事情节，暗中观察克劳狄斯的反应，最终才确定克劳狄斯就是他的杀父仇人。"我要先得到一些比这更切实的证据；凭着这一本戏，我可以发掘国王内心的隐秘。"[2]这一故事情节显示了哈姆莱特的理智与清醒。当得知克劳狄斯的亲信大臣波洛涅斯藏在帷幔后偷听自己与母亲的对话时，哈姆莱特非常果敢地拔剑就刺，

---

[1] 恩格斯. 恩格斯致斐迪南·拉萨尔 [M]// 马克思恩格斯全集：第二十九卷. 北京：人民出版社，1972：584-585.
[2] 莎士比亚. 哈姆莱特 [M]// 莎士比亚全集：第七卷. 朱生豪，等，译. 长春：时代文艺出版社，2017：2700.

杀死了这一奸臣。当得知自己将被送往英国时，哈姆莱特非常聪明地识破了克劳狄斯的诡计，他巧妙地将国书进行了调包，既让自己逃离险境，又把罗森格兰兹、吉尔登斯吞两个国王亲信送上了绝路。这个故事情节充分显示出哈姆莱特的聪明、智慧。自从得知克劳狄斯的罪行之后，哈姆莱特内心就一直在谋划复仇。他曾经有许多机会可以杀死克劳狄斯，但是，每次要行动时，他又有些犹豫、怯懦，最终错失了许多复仇的机会。这一点，可以从他自己的内心独白看出来："现在我明明有理由、有决心、有力量、有方法，可以动手干我所要干的事，可是我还是在大言不惭地说：'这件事需要做。'可是始终不曾在行动上表现出来；我不知道这是因为像鹿豕一般的健忘呢，还是因为三分懦怯一分智慧的过于审慎的顾虑。"①这种犹豫和怯懦，一方面反映出哈姆莱特的人文主义精神，另一方面反映出他缺乏足够的勇气和魄力。

《威尼斯商人》中的夏洛克也是一个性格鲜明的典型人物形象。夏洛克的人物形象很丰满，他聪明能干，善于积累财富，但是同时爱财如命、为人刻薄，有仇必报。但当自己面临险境时，又知难而退。夏洛克是一个犹太人富翁，家财万贯，主要靠放高利贷谋生。夏洛克是一个典型的守财奴和吝啬鬼。他虽然很富有，但对自己的仆人朗斯洛特却非常刻薄，嫌弃朗斯洛特食量太大、懒惰，不让他吃饱。朗斯洛特饿得瘦骨嶙峋，他把自己的主人夏洛克称为"魔鬼的化身"。夏洛克溺爱自己的女儿杰西卡，容忍她的一切毛病："——喂，杰西卡！——我家里容得你狼吞虎咽，别人家里是不许你这样放肆的——喂，杰西卡！——我家里还让你睡觉打鼾，把衣服胡乱撕破——喂，杰西卡！"②但是即使这样，杰西卡依然以自己的父亲为耻辱，她把自己的家庭称为"一座地狱"，羞于做父亲的孩子。后来杰西卡跟罗兰佐私奔，并带走了夏洛克的许多财宝。夏洛克气急败坏，他宁愿自己的女儿死在自己脚下，把那些金银珠宝都放在棺材里，也不愿意女儿嫁给一个基督徒。当得知女儿杰西卡在热那亚，她一晚上就花去80块钱时，夏洛克心疼地说："你把一把刀戳进我心里！我再也瞧不见我的银子啦！一下子就是八十块钱！八十块钱！"③守财奴的本性展示得淋漓尽致。夏洛克作为犹太人，长期受到基督徒的歧视，多次在公共场合受到安东尼奥的欺负，因此他的内心充满了深深的仇恨。在与安东尼奥打官司时，他宁可要安东尼奥身上的一磅肉，也不愿接受比本金多20倍的赔偿，这显示出夏洛克的狠辣。败诉之后，夏洛克又知难而退，想要回自己的本金和利息，显示出夏洛克爱财如命的本性。

好的文艺创作应当具有丰富的情节和生动的语言描写。恩格斯在给斐迪南·拉萨尔的回信中说："而您不无根据地认为德国戏剧具有的较大的思想深度和意识到的历史内容，同莎士比亚剧作的情节的生动性和丰富性的完美的融合，大概只有在将来才能达到，而且也许根本不是由德国人来达到的。无论如何，我认为这种融合正是戏剧的未来。"④莎士比亚的戏剧往往都是多条情节

---

① 莎士比亚.哈姆莱特[M]//莎士比亚全集：第七卷.朱生豪，等，译.长春：时代文艺出版社，2017：2739.
② 莎士比亚.威尼斯商人[M]//莎士比亚全集：第四卷.朱生豪，等，译.长春：时代文艺出版社，2017：1565.
③ 莎士比亚.威尼斯商人[M]//莎士比亚全集：第四卷.朱生豪，等，译.长春：时代文艺出版社，2017：1583.
④ 恩格斯.恩格斯致斐迪南·拉萨尔[M]//马克思恩格斯全集：第二十九卷.北京：人民出版社，1972：583.

线索互相交织，戏中有戏，十分精彩。莎士比亚的语言描写也非常生动，具有浓郁的生活气息。

例如，莎士比亚的喜剧《温莎的风流娘儿们》情节丰富，故事共有两条主要线索，一条是福斯塔夫与培琪大娘、福德大娘的故事线索，另一条是安·培琪的婚姻线索。两条故事线索相互交织，情节十分丰富。

剧中人物的语言也很有特点，既生动形象又诙谐幽默，充满生活气息。例如，福斯塔夫对送信的仆人罗宾说："你就像我的一艘快船一样，赶快开到这两座金山的脚下去吧。"① 乡村法官夏禄对牧师爱文斯说："啊，牧师先生，您好？又在用功了吗？真的是赌鬼手里的骰子，学士手里的书本，夺也夺不下来的。"② 福斯塔夫被培琪大娘和福德大娘第二次戏弄之后，自嘲道："要是宫廷里的人听见了我怎样一次次的化身，给人当衣服洗，用棍子打，他们一定会把我身上的油一滴一滴溶下来，去擦渔夫的靴子；他们一定会用俏皮话把我挖苦得像一只干瘪的梨一样丧气。"③ 当第三次被戏弄之后，福斯塔夫说："难道我已经把我的脑子剜出来放在太阳里晒干了，所以连这样明显的骗局也看不出来吗？难道一只威尔士的老山羊都会捉弄我？难道我该用威尔士土布给自己做一顶傻子戴的鸡冠帽吗？这么说，我连吃烤过的干酪都会把自己哽住了呢。"④

《哈姆莱特》是莎士比亚最有代表性的悲剧之一，该剧的语言既生动、华丽，又充满了哲理性的思考，充分彰显了莎士比亚的文学修辞能力。例如，雷欧提斯劝说其妹妹奥菲利娅的台词："对于哈姆莱特和他的调情献媚，你必须把它认作年轻人一时的感情冲动，一朵初春的紫罗兰早熟而易凋，馥郁而不能持久，一分钟的芬芳和喜悦，如此而已。"⑤ 波洛涅斯劝诫自己的儿子雷欧提斯说："相知有素的朋友，应该用钢圈箍在你的灵魂上，可是不要对每一个泛泛的新知滥施你的交情。"⑥ 还有哈姆莱特的经典独白："生存还是毁灭，这是一个值得考虑的问题；默然忍受命运的暴虐的毒箭，或是挺身反抗人世的无涯的苦难，通过斗争把它们扫清，这两种行为，哪一种更高贵？"⑦

莎士比亚善于运用比喻和对比，他在《威尼斯商人》中的语言描写也十分精彩。例如，《威尼斯商人》第四幕第一场中，安东尼奥说："请你想一想，你现在跟这个犹太人讲理，就像站在海滩上，叫那大海的怒涛减低它的奔腾的威力，责问豺狼为什么害母羊为了失去它的羔羊而哀啼，或是叫那山上的松柏，在受到天风吹拂的时候，不要摇头摆脑，发出簌簌的声音。"⑧

---

① 莎士比亚.温莎的风流娘儿们 [M]// 莎士比亚全集：第五卷.朱生豪，等，译.长春：时代文艺出版社，2017：1746.
② 莎士比亚.温莎的风流娘儿们 [M]// 莎士比亚全集：第五卷.朱生豪，等，译.长春：时代文艺出版社，2017：1777.
③ 莎士比亚.温莎的风流娘儿们 [M]// 莎士比亚全集：第五卷.朱生豪，等，译.长春：时代文艺出版社，2017：1817.
④ 莎士比亚.温莎的风流娘儿们 [M]// 莎士比亚全集：第五卷.朱生豪，等，译.长春：时代文艺出版社，2017：1830.
⑤ 莎士比亚.哈姆莱特 [M]// 莎士比亚全集：第七卷.朱生豪，等，译.长春：时代文艺出版社，2017：2661.
⑥ 莎士比亚.哈姆莱特 [M]// 莎士比亚全集：第七卷.朱生豪，等，译.长春：时代文艺出版社，2017：2663.
⑦ 莎士比亚.哈姆莱特 [M]// 莎士比亚全集：第七卷.朱生豪，等，译.长春：时代文艺出版社，2017：2703.
⑧ 莎士比亚.威尼斯商人 [M]// 莎士比亚全集：第四卷.朱生豪，等，译.长春：时代文艺出版社，2017：1603.

6.2.2 席勒式

马克思和恩格斯在给拉萨尔的回信中建议他学习莎士比亚,反对席勒式的创作理念。所谓"席勒式",指的是席勒创作中部分存在的主观唯心主义的创作倾向。席勒式的主要表现形式就是从观念出发,而不是从社会生活的客观现实出发进行创作,把个人变成了时代精神的传声筒。

席勒式的创作出发点是主观的观念,而非客观的社会现实。拉萨尔在创作《弗兰茨·冯·济金根》时不是从德国社会的历史和现实出发,而是从自己主观的"悲剧观念"和"普遍精神"出发的。拉萨尔主观地认为,《弗兰茨·冯·济金根》中济金根的悲剧根源在于"狡诈的手段"和"革命的目的"之间的冲突。拉萨尔的这种认识完全没有考虑16世纪德国社会的现实情况。马克思和恩格斯完全不认同拉萨尔的这种观点。恩格斯根据16世纪德国社会的现实情况指出,济金根悲剧的根源在于忽视了农民运动的力量:"此外,我觉得,由于您把农民运动放到了次要的地位,所以您在一个方面对贵族的国民运动作了不正确的描写,同时也就忽视了在济金根命运中的真正悲剧的因素。据我看来,当时广大的皇室贵族并没有想到要同农民结成联盟;他们必须压榨农民才能获得收入这样一种情况,不容许这种事情发生。同城市结成联盟的可能性倒是大一些;但是这种联盟并没有出现或者只是小部分地出现了。而贵族的国民革命只有同城市和农民结成联盟,特别是同后者结成联盟才能实现;据我看来,悲剧的因素正是在于:同农民结成联盟这个基本条件是不可能的;因此贵族的政策必然是无足轻重的;当贵族想取得国民运动的领导权的时候,国民大众即农民,就起来反对他们的领导,于是他们就不可避免地要垮台。"①

席勒式的创作把个人变成了时代精神的单纯的"传声筒"。济金根原本是没落骑士的代表,但是拉萨尔为了表达自己的"悲剧观念"和"普遍精神",把济金根塑造成了一个民族英雄的形象。在《弗兰茨·冯·济金根》剧中,济金根受到骑士、平民等各阶层的拥戴和欢迎,俨然是一个拯救国家的大英雄。然而,这与当时德国社会的现实情况并不相符。拉萨尔把许多不同阶层的人物语言、性格特征都堆叠在济金根这样一个骑士身上,是一种完全理想化的创作。因此,济金根就完全成了一个抽象的形象,一个表达时代精神的单纯的"传声筒"。因此,马克思批评拉萨尔说:"而我认为,你的最大缺点就是席勒式地把个人变成时代精神的单纯的传声筒。"②

席勒式的创作往往热衷于论证性的辩论和说教,而忽视了剧情描写本身的感染力。恩格斯批评拉萨尔说:"但是还应该改进的就是要更多地通过剧情本身的进程使这些动机生动地、积极地、也就是说自然而然地表现出来,而相反地,要使那些论证性的辩论(不过,我很高兴在这些辩论中又看到了您曾经在陪审法庭和民众大会上表现出来的老练的雄辩才能)逐渐成为不必要的东西。"③

6.2.3 艺术家的勇气与现实主义的批判性

恩格斯在《致玛格丽特·哈克奈斯》中提到了艺术家的勇气和现实主义的批判性问题。恩格

---

① 恩格斯.恩格斯致斐迪南·拉萨尔[M]//马克思恩格斯全集:第二十九卷.北京:人民出版社,1972:585.
② 马克思.马克思致斐迪南·拉萨尔[M]//马克思恩格斯全集:第二十九卷.北京:人民出版社,1972:574.
③ 恩格斯.恩格斯致斐迪南·拉萨尔[M]//马克思恩格斯全集:第二十九卷.北京:人民出版社,1972:583.

斯在信中说：

"您的小说，除了它的现实主义的真实性以外，最使我注意的是它表现了真正艺术家的勇气。这种勇气不仅表现在您敢于冒犯傲慢的体面人物而对救世军所作的处理上，这些人物也许从您的小说里才第一次知道救世军为什么竟对人民群众发生这样大的影响。而且还主要表现在您把无产阶级姑娘被资产阶级男人所勾引这样一个老而又老的故事作为全书的中心时所使用的简单朴素、不加修饰的手法。平庸的作家会觉得需要用一大堆矫揉造作和修饰来掩盖这种他们认为是平凡的情节，然而他们终究还是逃不脱被人看穿的命运。"①

从这封信的内容可以看出，恩格斯首先赞扬了玛格丽特·哈克奈斯作为艺术家的勇气。这种艺术家的勇气是现实主义艺术家必须具备的一种品质。玛格丽特·哈克奈斯的勇气体现在两个方面。第一，她敢于冒犯"傲慢的体面人物"，敢于反对某些传统和偏见。她的小说就像一面镜子，让这些"傲慢的体面人物"能够认清社会现实。第二，玛格丽特·哈克奈斯敢于从社会现实出发，揭露阶级矛盾。玛格丽特·哈克奈斯的小说《城市姑娘》描写了一个无产阶级姑娘被资产阶级男人勾引的故事，这是一个老套的故事，之前有不少作家写过类似的故事情节。但是，当时的大部分作家都采用矫揉造作的语言来修饰资产阶级和无产阶级之间的矛盾和对立。玛格丽特·哈克奈斯则选择从客观的社会现实出发，用最简单、朴素的手法进行描写，不加粉饰，真实揭露无产阶级与资产阶级之间的矛盾。

从恩格斯给玛格丽特·哈克奈斯的回信中，

也可以看出现实主义的批判性与真实性是统一的。所谓批判性，"是指作品形象体系所蕴含的对现实关系的否定性评价"②。马克思主义现实主义的批判性根植于马克思主义的唯物辩证法和唯物史观，是辩证唯物主义的精髓所在。

巴尔扎克的作品就是现实主义文艺批判性的最好例证。恩格斯在给玛格丽特·哈克奈斯的回信中说：

"不错，巴尔扎克在政治上是一个正统派；他的伟大的作品是对上流社会必然崩溃的一曲无尽的挽歌；他的全部同情都在注定要灭亡的那个阶级方面。但是，尽管如此，当他让他所深切同情的那些贵族男女行动的时候，他的嘲笑是空前尖刻的，他的讽刺是空前辛辣的。而他经常毫不掩饰地加以赞赏的人物，却正是他政治上的死对头，圣玛丽修道院的共和党英雄们，这些人在那时（1830—1836年）的确是代表人民群众的。这样，巴尔扎克就不得不违反自己的阶级同情和政治偏见；他看到了他心爱的贵族们灭亡的必然性，从而把他们描写成不配有更好命运的人；他在当时唯一能找到未来的真正的人的地方看到了这样的人，——这一切我认为是现实主义的最伟大胜利之一，是老巴尔扎克最重大的特点之一。"③

6.2.4 现实主义的典型化

现实主义的典型化，是马克思主义现实主义文艺观的重要组成部分，是对现实主义文艺创作的较高要求，"典型化是为了文艺创作更强烈、更

---

① 恩格斯.致玛格丽特·哈克奈斯[M]// 马克思恩格斯全集：第三十七卷.北京：人民出版社，1971：40.

② 《马克思主义文艺理论》编写组.马克思主义文艺理论[M].北京：高等教育出版社，2021：113.
③ 恩格斯.致玛格丽特·哈克奈斯[M]// 马克思恩格斯全集：第三十七卷.北京：人民出版社，1971：42.

集中、更理想、更带普遍性地反映和表现生活，或者说更具本质真实性地反映和表现生活"①。

1888年，恩格斯在给玛格丽特·哈克奈斯的回信中提出了"典型环境中的典型人物"这一概念。在这封有名的回信中，恩格斯首先肯定了玛格丽特·哈克奈斯《城市姑娘》的现实主义创作风格，认为它具有现实主义的真实性。但是，恩格斯紧接着指出，这部作品还不是充分的现实主义作品。恩格斯在信中说：

"如果我要提出什么批评的话，那就是，您的小说也许还不是充分的现实主义的。据我看来，现实主义的意思是，除细节的真实外，还要真实地再现典型环境中的典型人物。您的人物，就他们本身而言，是够典型的；但是环绕着这些人物并促使他们行动的环境，也许就不是那样典型了。"②

从恩格斯的上述话语中可以看出，现实主义的典型化，主要体现在"真实地再现典型环境中的典型人物"。下面，本书就从典型环境和典型人物这两个方面分别进行论述。

1. 典型环境

所谓典型环境，指的是"形成典型人物性格并促使其行动的能够显现出时代性质和历史潮流的生活环境，它是社会历史语境和具体生活场所的统一体"③。典型环境与典型人物是相互依存的辩证关系。

恩格斯在给玛格丽特·哈克奈斯的回信中指出《城市姑娘》的环境不那样典型。环境是否典型，还需要从历史唯物主义的视角出发去理解。恩格斯在信中分析道：

"在《城市姑娘》里，工人阶级是以消极群众的形象出现的，他们不能自助，甚至没有表现出（作出）任何企图自助的努力。想使这样的工人阶级摆脱其贫困而麻木的处境的一切企图都来自外面，来自上面。如果这是对1800年或1810年，即圣西门和罗伯特·欧文的时代的正确描写，那末，在1887年，在一个有幸参加了战斗无产阶级的大部分斗争差不多五十年之久的人看来，这就不可能是正确的了。工人阶级对他们四周的压迫环境所进行的叛逆的反抗，他们为恢复自己做人的地位所作的剧烈的努力——半自觉的或自觉的，都属于历史，因而也应当在现实主义领域内占有自己的地位。"④

在这里，我们可以看到，恩格斯强调文艺创作者应当注意从宏观的时代背景和大的历史趋势来塑造环境。他认为，玛格丽特·哈克奈斯在进行创作时，应当注意当时工人阶级的抗争和努力，把他们的抗争和努力纳入现实主义的描写之中。

恩格斯曾经在1842年11月至1844年8月对英国工人阶级的劳动和生活进行了深入的调查，并撰写了《英国工人阶级状况》。恩格斯在《英国工人阶级状况》中写道："我认为，比资产阶级圈子里这种卖弄掺了水的社会主义方案的短暂的时髦风尚重要得多的，甚至比社会主义在英国一般获得的进步也更重要的，是伦敦东头的重新觉醒。这个巨大的贫穷渊薮已不再是六年前那样的一潭死水了。伦敦东头甩掉了绝望的冷漠；它复活了，并且成了'新工联'，即'没有技术

---

① 《马克思主义文艺理论》编写组.马克思主义文艺理论[M].北京：高等教育出版社，2021：119.
② 恩格斯.致玛格丽特·哈克奈斯[M]//马克思恩格斯全集：第三十七卷.北京：人民出版社，1971：40-41.
③ 《马克思主义文艺理论》编写组.马克思主义文艺理论[M].北京：高等教育出版社，2021：123.

④ 恩格斯.致玛格丽特·哈克奈斯[M]//马克思恩格斯全集：第三十七卷.北京：人民出版社，1971：41.

的'广大工人群众的组织的发源地。"①从《英国工人阶级状况》可以看出,自宪章运动以来,英国工人阶级运动已经产生了巨大的影响。但是玛格丽特·哈克奈斯在创作《城市姑娘》时,却把工人阶级塑造成消极群众的形象,在她笔下,工人阶级没有斗争的意愿和企图,需要外界和上面的帮扶。玛格丽特·哈克奈斯的这种描写与英国当时的历史状况无疑是不相符合的,显得不够真实。她没有看到英国工人阶级的斗争,没有看到工人阶级积极的一面。因此,玛格丽特·哈克奈斯的《城市姑娘》环境塑造不够典型。

2. 典型人物

所谓典型人物,指的是"在独特环境中形成的既具有鲜明独特的个性特征、又能够深刻反映社会生活某些本质方面的人物形象"②。

恩格斯在给敏娜·考茨基的回信中曾经提到典型人物的问题。他在信中说:"对于这两种环境里的人物,我认为您都用您平素的鲜明的个性描写手法给刻画出来了;每个人都是典型,但同时又是一定的单个人,正如老黑格尔所说的,是一个'这个',而且应当是如此。"③恩格斯所说的"这个"就是典型。

那么,如何在典型环境中塑造典型人物呢?恩格斯在给斐迪南·拉萨尔的回信中曾经谈到这一话题。恩格斯在信中说:"与此相关的是人物的性格描绘。您完全正确地反对了现在流行的恶劣的个性化,这种个性化总而言之是一种纯粹低贱的自作聪明,并且是垂死的模仿文学的一个本质的标记。此外,我觉得一个人物的性格不仅表现在他做什么,而且表现在他怎样做;从这方面看来,我相信,如果把各个人物用更加对立的方式彼此区别得更加鲜明些,剧本的思想内容是不会受到损害的。"④

从恩格斯给斐迪南·拉萨尔的回信中可以看出,在塑造典型人物时,不仅要描写人物在"做什么",还要描写人物"怎样做"。此外,他还在信中提出,典型人物还要能够反映特定时代的社会本质和历史发展潮流。恩格斯说:"您的《济金根》⑤完全是在正路上;主要人物是一定的阶级和倾向的代表,因而也是他们时代的一定思想的代表,他们的动机不是从琐碎的个人欲望中,而正是从他们所处的历史潮流中得来的。"⑥

习近平总书记《在中国文联十大、中国作协九大开幕式上的讲话》中强调:"典型人物所达到的高度,就是文艺作品的高度,也是时代的艺术高度。只有创作出典型人物,文艺作品才能有吸引力、感染力、生命力。广大文艺工作者要始终把人民的冷暖和幸福放在心中,把人民的喜怒哀乐倾注在自己的笔端,讴歌奋斗人生,刻画最美人物。"⑦

---

① 恩格斯. 英国工人阶级状况 [M]// 中共中央马克思恩格斯列宁斯大林著作编译局. 马克思恩格斯文集:第1卷. 北京:人民出版社,2009:378–379.
② 《马克思主义文艺理论》编写组. 马克思主义文艺理论 [M]. 北京:高等教育出版社,2021:120.
③ 恩格斯. 致敏娜·考茨基 [M]// 马克思恩格斯全集:第三十六卷. 北京:人民出版社,1974:384.
④ 恩格斯. 恩格斯致斐迪南·拉萨尔 [M]// 马克思恩格斯全集:第二十九卷. 北京:人民出版社,1972:583.
⑤ 恩格斯此处所说《济金根》即《弗兰茨·冯·济金根》。
⑥ 恩格斯. 恩格斯致斐迪南·拉萨尔 [M]// 马克思恩格斯全集:第二十九卷. 北京:人民出版社,1972:583.
⑦ 习近平. 在中国文联十大、中国作协九大开幕式上的讲话 [M]. 北京:人民出版社,2016:12.

第 7 章　马克思主义的文艺批评论

恩格斯提出的"美学和历史的观点"是马克思主义文艺批评理论的重要标准。马克思、恩格斯都从美学观点和历史观点进行了大量的文艺批评实践。列宁继承和发展了马克思主义的文艺批评理论，提出了"列夫·托尔斯泰是俄国革命的镜子"的著名观点。毛泽东、习近平等党和国家领导人结合中国的历史和社会现实状况，进一步发展了马克思主义的文艺批评理论，提出了新的文艺批评标准及相关论述。本章，我们将学习马克思主义的文艺批评标准。

7.1 美学观点和历史观点结合的标准

美学观点与历史观点相结合是马克思主义的文艺批评论的重要组成部分。1846年，恩格斯在《卡尔·格律恩〈从人的观点论歌德〉》一文中提出了"美学和历史的观点"，此后，恩格斯在给斐迪南·拉萨尔的回信中再次谈到了这一批评标准。本节将对这一批评标准进行阐释。

7.1.1 "美学和历史的观点"的提出

1846年，恩格斯在《卡尔·格律恩〈从人的观点论歌德〉》一文中提出了"美学和历史的观点"这一批评标准。恩格斯在文章中说：

"我们决不是从道德的、党派的观点来责备歌德，而只是从美学和历史的观点来责备他；我们并不是用道德的、政治的或'人的'尺度来衡量他。"[1]

卡尔·格律恩是"真正的社会主义"的主要代表人物之一。"真正的社会主义"，"是19世纪中叶诞生于德国的一个小资产阶级思想派别，实质上是空想社会主义、黑格尔思辨哲学和费尔巴哈的人本主义的大杂烩，在文艺创作和批评中，狂热地鼓吹和讴歌抽象的人和普遍的爱"[2]。卡尔·格律恩从唯心主义的、抽象的人的视角去评论歌德，他所说的"人"是抽象的、唯心的，而不是"男人和女人所生的、自然的、生气蓬勃、有血有肉的人"[3]。卡尔·格律恩的观点是十分片

---

[1] 恩格斯. 卡尔·格律恩《从人的观点论歌德》[M]// 马克思恩格斯全集：第四卷. 北京：人民出版社，1958：257.
[2] 李志雄. 马克思主义文艺理论[M]. 上海：上海人民出版社，2021：122-123.
[3] 恩格斯. 卡尔·格律恩《从人的观点论歌德》[M]// 马克思恩格斯全集：第四卷. 北京：人民出版社，1958：254.

面的，受到了恩格斯的批评。恩格斯说：

"如果我们在上面只是从一个方面观察了歌德，那末这完全是格律恩先生的罪过。他丝毫没有描写歌德伟大的一面。对于歌德的一切确实伟大的和天才的地方，例如，'浪荡公子'歌德的'罗马哀歌'，格律恩先生不是匆匆地一闪而过，就是滔滔不绝地说一通言之无物的废话。但是他却以少有的勤勉去搜罗一切庸俗的、一切小市民的、一切琐屑的东西，把所有这些收集在一起，用真正文学家的笔法加以夸张，并且每当他有可能利用歌德的权威，而且还常常是被歪曲了的歌德的权威来支持自己的狭隘性的时候，他就兴高采烈起来。"①

1859年，恩格斯在给斐迪南·拉萨尔的回信中再次提到了"美学观点和历史观点"。恩格斯说："您看，我是从美学观点和历史观点，以非常高的、即最高的标准来衡量您的作品的，而且我必须这样做才能提出一些反对意见，这对您来说正是我推崇这篇作品的最好证明。"②

在恩格斯之前，已经有一些文艺理论家提到了美学的观点和历史的观点，如俄国的别林斯基、丹麦的勃兰兑斯、德国的黑格尔等。恩格斯"美学和历史的观点"是对黑格尔相关思想的批判继承。黑格尔在《美学》第二卷中曾经提到"历史和美学的观点"：

"面对着这样广阔和丰富多彩的材料，首先就要提出一个要求：处理材料的方式一般也要显示出当代精神现状。近代艺术家当然也可以与不同时代的古人为邻；做一个荷马派诗人，尽管是最后的一个，也还是很好的；甚至反映中世纪浪漫型艺术倾向的作品也还有它们的功用；但是今天某种题材的普遍适用、深刻和具有特性是一回事，而对这种题材的处理方式却另是一回事。不管是荷马和梭福克勒斯之类诗人，都已不可能出现在我们的时代里了，从前唱得那么美妙的和说得那么自由自在的东西都已经唱过说过了。这些材料以及关照和理解这些材料的方式都已过时了。只有现在才是新鲜的，其余的都已陈腐，并且日趋陈腐。我们在这里应该从历史和美学的观点对法国人提出一点批评，他们把希腊和罗马的英雄们以及中国人和秘鲁人都描绘成为法国的王子和公主，把路易十四世和路易十五世时代的思想和情感转嫁给这些古代人和外国人。假如这些思想和情感本身比较深刻优美些，这种转古为今的办法对艺术倒还不致产生那样恶劣的影响。与此相反，一切材料，不管是从哪个民族和哪个时代来的，只有在成为活的现实中的组成部分，能深入人心，能使我们感觉到和认识到真理时，才有艺术的真实性。正是不朽的人性在它的多方面意义和无限转变中的显现和起作用，正是这种人类情境和情感的宝藏，才可以形成我们今天艺术的绝对的内容意蕴。"③

马克思和恩格斯在青年时代都十分欣赏黑格尔的哲学思想，尤其是黑格尔哲学思想中的辩证法思想。马克思和恩格斯曾经认真研读黑格尔的《美学》，受到黑格尔美学思想的影响。恩格斯吸收和借鉴了黑格尔《美学》中提出的"历史和美学的观点"，但是又对其进行了批判和扬弃："在方法论意义上，恩格斯的'美学观点和历史观点'与黑格尔的'历史和美学的观点'（或'经

---

① 恩格斯.卡尔·格律恩《从人的观点论歌德》[M]//马克思恩格斯全集：第四卷.北京：人民出版社，1958：274-275.

② 恩格斯.恩格斯致斐迪南·拉萨尔[M]//马克思恩格斯全集：第二十九卷.北京：人民出版社，1972：586.

③ 黑格尔.美学：第二卷[M].朱光潜，译.北京：商务印书馆，1979：381.

验观点和理念观点的统一')的主要区别不在于表述形式和具体方法、研究手段，而在于方法论的核心——哲学原则或曰哲学基础。黑格尔把历史看作是先于世界存在的绝对理念本身的具体化过程，认为美和艺术的本源在于绝对理念的运动。因而，头足倒置的客观唯心主义成了他的方法论的哲学原则。为了体系的需要而往往窒息辩证法的生命力，在他的美学体系中既不乏实在的内容，又充满自相矛盾和荒谬。马、恩清除了黑格尔'历史和美学观点'的唯心主义原则，注入了唯物主义基础，使之成为新的方法论、彻底唯物主义的美学方法论，比黑格尔的更科学，更有生命力。"①

7.1.2 美学的观点

美学的观点，指的是我们在进行文艺批评时应当注重和强调文艺的审美特点和审美规律。从恩格斯在《卡尔·格律恩〈从人的观点论歌德〉》中对歌德的评论可以看出，恩格斯认为从"美学的观点"出发，作家应当具有以下几个方面的特点："从心底出现的较正确的美感"；博学、活跃的天性；有血有肉；把作家推向实际生活的气质、精力、精神意向等。除了对作家本身的这些要求之外，按照"美学的观点"进行文艺批评时，还包括作品本身的情节设置、语言组织、表达技巧、形象塑造等方面的内容，要从深层的审美意蕴和美学价值来把握。

马克思曾经用美学的观点对斐迪南·拉萨尔的《弗兰茨·冯·济金根》进行了评论。马克思在给斐迪南·拉萨尔的回信中说："我现在来谈谈《弗兰茨·冯·济金根》。首先，我应当称赞结构和情节，在这方面，它比任何现代德国剧本都高明。"② 在这里，马克思就是从美学的观点表扬了斐迪南·拉萨尔《弗兰茨·冯·济金根》的情节和结构。在谈到《弗兰茨·冯·济金根》的缺点时，马克思也从美学的观点进行了分析："现在来谈谈缺点的一面：第一，——这纯粹是形式问题——既然你用韵文写，你就应该把你的韵律安排得更艺术一些。但是，不管职业诗人将会对这种疏忽感到多大的震惊，而总的说来，我却认为它是一个优点，因为我们的专事模仿的诗人们除了形式上的光泽，就再没有别的什么了。"③ 马克思在这里指出的形式和韵律问题，就是美学观点的范畴。此外，马克思还指出斐迪南·拉萨尔在人物性格描写方面存在的问题："其次，我感到遗憾的是，在性格的描写方面看不到什么特出的东西。我是把查理五世、巴尔塔扎尔和理查·冯·特利尔除外。然而还有别的时代比十六世纪有更加突出的性格吗？照我看来，胡登过多地一味表现'兴高采烈'，这是令人厌倦的。他不也是个聪明人、机灵鬼吗？因此你对他不是很不公平吗？甚至你的济金根——顺便说一句，他也被描写得太抽象了——也是多么苦于不以他的一切个人打算为转移的冲突，这可以从下面一点看出来：他一方面不得不向他的骑士宣传与城市友好等等，另一方面他自己又乐于在城市中施行强权司法。"④ 在这里，马克思指出斐迪南·拉萨尔在塑造人物性格时存在着刻板化和抽象化的问题。胡登过多地表现出"兴高采烈"，

---

① 卢铁澎. "美学观点和历史观点"探源 [J]. 首都师范大学学报（社会科学版），1997（3）：96–97.

② 马克思. 马克思致斐迪南·拉萨尔 [M]// 马克思恩格斯全集：第二十九卷. 北京：人民出版社，1972：572.

③ 马克思. 马克思致斐迪南·拉萨尔 [M]// 马克思恩格斯全集：第二十九卷. 北京：人民出版社，1972：572.

④ 马克思. 马克思致斐迪南·拉萨尔 [M]// 马克思恩格斯全集：第二十九卷. 北京：人民出版社，1972：574.

显得过于刻板。而济金根的人物形象则过于抽象，不够形象具体。马克思还指出斐迪南·拉萨尔在细节安排、话语顺序等方面的不足："在细节的方面，有些地方我必须责备你让人物过多地回忆自己，这是由于你对席勒的偏爱造成的。例如，在第121页上，胡登向玛丽亚叙述他的身世时，如果让玛丽亚把从'感觉的全部音阶'等等一直到'它比岁月的负担更沉重'这些话说出来，那就极为自然了。前面的诗句，从'人们说'到'年纪老迈'，可以摆在后面，但是'一夜之间处女就变成妇人'这种回忆（虽然这指出玛丽亚不是仅仅知道纯粹抽象的恋爱），是完全多余的；无论如何玛丽亚以回忆自己'年老'来开始，是最不能容许的。"①

恩格斯也从美学的观点对斐迪南·拉萨尔的《弗兰茨·冯·济金根》进行了评论。恩格斯首先肯定了《弗兰茨·冯·济金根》的情节安排和戏剧性："如果首先谈形式的话，那末，情节的巧妙的安排和剧本的从头到尾的戏剧性使我惊叹不已。"②但是，恩格斯同时指出《弗兰茨·冯·济金根》的韵律和道白问题："在韵律方面您确实给了自己一些自由，这给读时带来的麻烦比给上演时带来的麻烦还要大。我很想读一读舞台脚本；就眼前的这个剧本看来，它肯定是不能上演的。我这里来了一个德国青年诗人（卡尔·济贝耳），他是我的同乡和远亲，在戏剧方面做过相当多的工作；他作为普鲁士近卫军的后备兵也许要到柏林去，那时我也许冒昧叫他带给您几行字。他对您的剧本评价很高，但是认为，由于道白很长，根本不能上演，在做这些长道白时，只有一个演员做戏，其余的人为了不致作为不讲话的配角尽站在那里，只好三番两次地尽量做各种表情。"③韵律的过于自由和道白过长，会影响剧本的上演。恩格斯认为，《弗兰茨·冯·济金根》剧中的对话还应该再生动一些："最后两幕充分证明，您能够轻易地把对话写得生动活泼，我觉得，除了几场以外（这是每个剧本都有的情况），这在前三幕里也是能做到的，所以我毫不怀疑，您在为这个剧本上演加工的时候会考虑到这一点。"④恩格斯还指出，斐迪南·拉萨尔在推动剧情发展时使用了过多的论证性辩论，而不是自然而然的描述。在人物性格描绘方面，恩格斯建议将人物用更加对立的方式塑造得更鲜明一些。

从马克思、恩格斯的上述评论中可以看出，我们在进行文艺创作时，应当注意以下几个方面。第一，人物塑造不能过于刻板、抽象，不能像胡登一样一味地"兴高采烈"，也不能像济金根一样过于抽象，好的人物形象应当是形象生动、有血有肉、立体丰满的；第二，结构和情节安排要巧妙、合理；第三，语言描写要生动、活泼、自然。

7.1.3 历史的观点

马克思和恩格斯坚持从历史唯物主义的理论高度来进行文艺评论。所谓"历史的观点"指的是，我们在对某一部文艺作品进行评论时，需要结合作者本身所处的社会环境、时代背景和历

---

① 马克思.马克思致斐迪南·拉萨尔[M]//马克思恩格斯全集：第二十九卷.北京：人民出版社，1972：574.
② 恩格斯.恩格斯致斐迪南·拉萨尔[M]//马克思恩格斯全集：第二十九卷.北京：人民出版社，1972：582.
③ 恩格斯.恩格斯致斐迪南·拉萨尔[M]//马克思恩格斯全集：第二十九卷.北京：人民出版社，1972：582.
④ 恩格斯.恩格斯致斐迪南·拉萨尔[M]//马克思恩格斯全集：第二十九卷.北京：人民出版社，1972：582-583.

史发展趋势，看作品是否反映出特定历史时期的社会内容和时代发展趋势。我们在对作家和作品进行文艺评论时，不能孤立地进行评价，而是要将其放置在具体的时代背景和社会环境中进行考察，做出客观的、历史的评价。

卡尔·格律恩作为"真正的社会主义"的代表，从唯心主义和思辨哲学的视角来看待歌德和他的作品，狭隘地认为歌德是费尔巴哈的弟子和"真正的社会主义者"，片面夸大了歌德的平庸和鄙俗，认为歌德的身上除了人的内容外没有别的内容。在这里，卡尔·格律恩的观点完全是脱离历史的，他没有考虑到歌德当时所处的社会环境、历史条件和时代发展趋势。

恩格斯从歌德的身份角色、所处的社会环境、历史条件和时代发展趋势出发，对歌德进行了较为客观的、历史的评价。恩格斯说："问题不仅仅在于，歌德承认德国生活中的某些方面而反对他所敌视的另一些方面。这常常不过是他的各种情绪的表现而已；在他心中经常进行着天才诗人和法兰克福市议员的谨慎的儿子、可敬的魏玛的枢密顾问之间的斗争；前者厌恶周围环境的鄙俗气，而后者却不得不对这种鄙俗气妥协、迁就。因此，歌德有时非常伟大，有时极为渺小；有时是叛逆的、爱嘲笑的、鄙视世界的天才，有时则是谨小慎微、事事知足、胸襟狭隘的庸人。连歌德也无力战胜德国的鄙俗气；相反，倒是鄙俗气战胜了他；鄙俗气对最伟大的德国人所取得的这个胜利，充分地证明了'从内部'战胜鄙俗气是根本不可能的。歌德过于博学，天性过于活跃，过于富有血肉，因此不能象席勒那样逃向康德的理想来摆脱鄙俗气；他过于敏锐，因此不能不看到这种逃跑归根到底不过是以夸张的庸俗气来代替平凡的鄙俗气。他的气质、他的精力、他的全部精神意向都把他推向实际生活，而他所接触的实际生活却是很可怜的。他的生活环境是他应该鄙视的，但是他又始终被困在这个他所能活动的唯一的生活环境里。歌德总是面临着这种进退维谷的境地，而且愈到晚年，这个伟大的诗人就愈是 deguerrelasse（疲于斗争），愈是向平庸的魏玛大臣让步。"①

恩格斯反对从道德的、政治的或者党派的观点来狭隘地对文艺作品进行评论，他认为我们应当从美学的和历史的观点来进行评价。恩格斯说："我们并不象白尔尼和门采尔那样责备歌德不是自由主义者，我们是嫌他有时居然是个庸人；我们并不是责备他没有热心争取德国的自由，而是嫌他由于对当代一切伟大的历史浪潮所产生的庸人的恐惧心理而牺牲了自己有时从心底出现的较正确的美感；我们并不是责备他做过宫臣，而是嫌他在拿破仑清扫德国这个庞大的奥吉亚斯的牛圈的时候，竟能郑重其事地替德意志的一个微不足道的小宫廷做些毫无意义的事情和寻找 menus plaisirs（小小的乐趣）。我们决不是从道德的、党派的观点来责备歌德，而只是从美学和历史的观点来责备他；我们并不是用道德的、政治的或'人的'尺度来衡量他。我们在这里不可能结合着他的整个时代、他的文学前辈和同代人来描写他，也不能从他的发展上和结合着他的社会地位来描写他。因此，我们仅限于纯粹叙述事实而已。"②

马克思从历史的观点出发，对斐迪南·拉

---

① 恩格斯．卡尔·格律恩"从人的观点论歌德"[M]//马克思恩格斯全集：第四卷．北京：人民出版社，1958：256-257．
② 恩格斯．卡尔·格律恩"从人的观点论歌德"[M]//马克思恩格斯全集：第四卷．北京：人民出版社，1958：257．

萨尔的《弗兰茨·冯·济金根》进行了深入的分析。斐迪南·拉萨尔认为，济金根的悲剧根源在于他自身的狡诈。马克思则不同意这种观点。马克思基于济金根所处时代的社会环境、历史发展趋势对济金根的覆灭进行了历史的、客观的评价。马克思认为，济金根的失败根源在于没有联合城市平民和农民。马克思指出："济金根（而胡登多少和他一样）的覆灭并不是由于他的狡诈。他的覆灭是因为他作为骑士和作为垂死阶级的代表起来反对现存制度，或者说得更确切些，反对现存制度的新形式。如果从济金根身上除去那些属于个人和他的特殊的教养、天生的才能等等的东西，那末剩下来的就只是一个葛兹·冯·伯利欣根了。在后面这个可怜的人物身上，以同样的形式表现出了骑士对皇帝和诸侯所作的悲剧性的反抗，因此，歌德选择他作主人公是正确的。在济金根——甚至胡登在某种程度上也是如此，虽然对于他，正象对某个阶级的一切思想家一样，这种说法应当有相当的改变——同诸侯作斗争时（他反对皇帝，只是由于皇帝从骑士的皇帝变成诸侯的皇帝），他实际上只不过是一个唐·吉诃德，虽然是被历史认可了的唐·吉诃德。他以骑士纷争的形式发动叛乱，这只是说，他是按骑士的方式发动叛乱的。如果他以另外的方式发动叛乱，他就必须在一开始发动的时候就直接诉诸城市和农民，就是说，正好要诉诸那些本身的发展就等于否定骑士制度的阶级。"①

从马克思和恩格斯的分析可以看出，我们在对文艺作品进行评论时，应当充分考虑作者所处的社会环境、时代背景和历史发展趋势，从历史唯物主义的理论高度进行客观的、历史的评价。

7.2 美学观点和历史观点的发展

美学观点和历史观点相结合是马克思主义文艺批评理论的重要标准。马克思、恩格斯按照美学观点和历史观点进行了文艺批评实践，对后世影响深远。列宁创造性地继承和发展了马克思、恩格斯的文艺批评理论，尤其是他对列夫·托尔斯泰的一系列文艺评论堪称典范。20世纪40年代，毛泽东同志《在延安文艺座谈会上的讲话》提出了文艺批评的标准问题，是对马克思主义文艺批评理论的继承和发展。习近平总书记对毛泽东同志的文艺批评论进行了进一步的深化发展。本节将对列宁的文艺批评理论和毛泽东同志提出的文艺批评标准问题以及习近平总书记关于文艺批评的重要论述进行分析阐释。

7.2.1 列宁对列夫·托尔斯泰的文艺批评

列宁是马克思主义文艺批评理论的重要继承者，他创造性地继承了恩格斯提出的"美学和历史的观点"，发展了辩证的文艺批评理论。列宁尤其擅长从时代矛盾斗争、社会环境和历史发展趋势出发，运用历史科学方法对作家、作品进行综合分析和评价。列宁对列夫·托尔斯泰的一系列文艺评论堪称经典。

1908年，列宁提出了著名的"列夫·托尔斯泰是俄国革命的镜子"这一观点，产生了深远的影响。这篇文章发表时，俄国正处于斯托雷平反动统治时期。1905年，俄国发生了无产阶级

---

① 马克思. 马克思致斐迪南·拉萨尔 [M]// 马克思恩格斯全集：第二十九卷. 北京：人民出版社，1972：572-573.

领导的资产阶级性质的民主革命。革命失败后，沙皇内务大臣斯托雷平掌握权柄，俄国陷入黑暗和混乱之中："在斯托雷平的白色恐怖的威压下，俄国的政治形势动荡，阶级关系出现分化和改组。作为资产阶级政治代表的立宪民主党公开投入到内阁总理斯托雷平的怀抱。他们出版《路标》文集，大肆诋毁马克思主义，为反动势力血腥镇压拍手叫好，并无耻地阿谀、感谢沙皇政府'用刺刀和监狱为我们挡住人民的狂暴'。俄国社会民主工党内部也产生了思想混乱，分离出'取消派'和'召回派'。……他们在阶级斗争的紧要关头，发生动摇、变节和背叛，转而趋附反动势力，倒转矛头，反对列宁领导的布尔什维克的革命路线。"① 政治领域的阶级斗争也反映到当时的俄国文学领域之中。列夫·托尔斯泰是当时俄国举足轻重的文学大家，1908年列夫·托尔斯泰80寿辰和1910年列夫·托尔斯泰逝世都在俄国产生了巨大的影响。

1908年是列夫·托尔斯泰的80诞辰，当时，俄国不同阶级、政党的人都通过给列夫·托尔斯泰的祝寿贺信、文章等来表明自己的立场。列宁尖锐地指出，当时自由派和官方的贺信、文章都充满了伪善："所有这些报刊都充满了伪善，简直令人作呕。有官方的和自由派的两种伪善。前一种是卖身投靠的无耻文人露骨的伪善，他们昨天还奉命攻击列·托尔斯泰，今天却奉命在托尔斯泰身上寻找爱国主义，力求在欧洲面前遵守礼节。这班无耻文人写了文章有赏钱，这是人人都知道的；他们欺骗不了任何人。自由派的伪善则巧妙得多，因而也有害得多、危险得多。"② 这些自由派和官方的反动文人没有结合当时俄国革命的现实情况和历史发展趋势对列夫·托尔斯泰进行客观的评价，他们没有回答俄国革命的性质、革命的动力等实际问题。

列宁结合俄国社会的历史、现实情况和时代发展趋势，用辩证的、历史的观点对列夫·托尔斯泰进行了客观的评价。列宁准确指出了列夫·托尔斯泰作品、学说、观点中存在的明显的矛盾性：

"托尔斯泰的作品、观点、学说、学派中的矛盾的确是显著的。一方面，是一个天才的艺术家，不仅创作了无与伦比的俄国生活的图画，而且创作了世界文学中第一流的作品；另一方面，是一个发狂地信仰基督的地主。一方面，他对社会上的撒谎和虚伪提出了非常有力的、直率的、真诚的抗议；另一方面，是一个'托尔斯泰主义者'，即一个颓唐的、歇斯底里的可怜虫，所谓俄国的知识分子，这种人当众拍着胸脯说：'我卑鄙，我下流，可是我在进行道德上的自我修身；我再也不吃肉了，我现在只吃米粉饼子。'一方面，无情地批判了资本主义的剥削，揭露了政府的暴虐以及法庭和国家管理机关的滑稽剧，暴露了财富的增加和文明的成就同工人群众的穷困、野蛮和痛苦的加剧之间极其深刻的矛盾；另一方面，疯狂地鼓吹'不'用暴力'抵抗邪恶'。一方面，是最清醒的现实主义，撕下了一切假面具；另一方面，鼓吹世界上最卑鄙龌龊的东西之一，即宗教，力求让有道德信念的神父代替有官职的神父，这就是说，培养一种最精巧的因而是

---

① 陆贵山，周忠厚. 马克思主义文艺论著选讲 [M].4版. 北京：中国人民大学出版社，2007：340.

② 列宁. 列夫·托尔斯泰是俄国革命的镜子 [M]// 中共中央马克思恩格斯列宁斯大林著作编译局. 列宁选集：第2卷. 北京：人民出版社，1995：241.

特别恶劣的僧侣主义。"①

列宁认为，列夫·托尔斯泰作品中的矛盾性并不是偶然出现的，而是有着深刻的历史和社会根源。他指出："但是托尔斯泰的观点和学说中的矛盾并不是偶然的，而是19世纪最后30多年俄国实际生活所处的矛盾条件的表现。昨天刚从农奴制度下解放出来的宗法式的农村，简直在遭受资本和国库的洗劫。农民经济和农民生活的旧基础，那些确实保持了许多世纪的旧基础，正在异常迅速地遭到破坏。对托尔斯泰观点中的矛盾，不应该从现代工人运动和现代社会主义的角度去评价（这样评价当然是必要的，然而是不够的），而应该从那种对正在兴起的资本主义的抗议，对群众破产和丧失土地的抗议（俄国有宗法式的农村，就一定会有这种抗议）的角度去评价。"②列宁认为，列夫·托尔斯泰的观点恰恰表明了俄国革命是农民资产阶级革命的特点，是反映俄国革命的一面镜子。

列宁立足于马克思主义文艺批评的美学观点和历史观点，进一步发展出从俄国革命的性质、革命动力来对俄国的文艺作品进行评论。列宁主要是从整体、联系、运动以及矛盾的发展中去分析和把握作家、作品，是运用辩证法进行文艺批评的典范。

7.2.2　政治标准与艺术标准的统一

马克思主义的文艺批评理论在世界范围内产生了广泛的影响。20世纪以来，我国有许多文艺理论家讨论过文艺批评的标准问题，如鲁迅、瞿秋白等。毛泽东、邓小平、江泽民、胡锦涛、习近平等党和国家领导人在不同时期都提到了文艺批评的标准设定问题。其中毛泽东、习近平的相关论述最具代表性。

1. 毛泽东的文艺批评标准

1942年，毛泽东同志《在延安文艺座谈会上的讲话》正式发表。毛泽东在讲话中系统论述了文艺批评标准的问题。1942年，正是抗日战争的战略相持阶段，许多文艺工作者从国统区、敌占区来到延安。一些文艺工作者在文艺创作的方向、文艺与大众的关系等方面混乱不清，存在一些不良倾向。毛泽东《在延安文艺座谈会上的讲话》正是在这样的背景下发表的，目的就是纠正当时文艺界存在的不良倾向，为广大文艺工作者指明文艺创作的道路和方向。

毛泽东《在延安文艺座谈会上的讲话》专门开辟了一个章节讨论文艺批评的标准问题。毛泽东提出："文艺批评有两个标准，一个是政治标准，一个是艺术标准。"③那么政治标准和艺术标准分别指的是什么呢？

1）政治标准

在这里，政治标准中"政治"的含义，毛泽东明确指出："我们所说的文艺服从于政治，这政治是指阶级的政治、群众的政治，不是所谓少数政治家的政治。"④"文艺服从于政治，今天中国政治的第一个根本问题是抗日，因此党的文艺工作者首先应该在抗日这一点上和党外的一切文学家艺术家（从党的同情分子、小资产阶级的文艺家

---

① 列宁.列夫·托尔斯泰是俄国革命的镜子[M]//中共中央马克思恩格斯列宁斯大林著作编译局.列宁选集：第2卷.北京：人民出版社，1995：242.
② 列宁.列夫·托尔斯泰是俄国革命的镜子[M]//中共中央马克思恩格斯列宁斯大林著作编译局.列宁选集：第2卷.北京：人民出版社，1995：243.

③ 毛泽东.在延安文艺座谈会上的讲话[M]//毛泽东选集：第三卷.北京：人民出版社，1991：868.
④ 毛泽东.在延安文艺座谈会上的讲话[M]//毛泽东选集：第三卷.北京：人民出版社，1991：866.

到一切赞成抗日的资产阶级地主阶级的文艺家）团结起来。"①

毛泽东《在延安文艺座谈会上的讲话》指出："按照政治标准来说，一切利于抗日和团结的，鼓励群众同心同德的，反对倒退、促成进步的东西便都是好的；而一切不利于抗日和团结的，鼓动群众离心离德的，反对进步、拉着人们倒退的东西，便都是坏的。"②如何判断是好的还是坏的？究竟是依据文艺创作者的主观动机，还是看实际效果呢？毛泽东指出："我们是辩证唯物主义的动机和效果的统一论者。为大众的动机和被大众欢迎的效果，是分不开的，必须使二者统一起来。为个人的和狭隘集团的动机是不好的，有为大众的动机但无被大众欢迎、对大众有益的效果，也是不好的。"③

按照文艺批评的政治标准，我们的文艺批评有必须坚持的立场和原则，但也容许有不同政治态度的文艺作品存在，没有宗派主义。"我们的文艺批评是不要宗派主义的，在团结抗日的大原则下，我们应该容许包含各种各色政治态度的文艺作品的存在。但是我们的批评又是坚持原则立场的，对于一切包含反民族、反科学、反大众和反共的观点的文艺作品必须给以严格的批判和驳斥；因为这些所谓文艺，其动机，其效果，都是破坏团结抗日的。"④

2）艺术标准

《在延安文艺座谈会上的讲话》中还提出了"艺术标准"的问题："按着艺术标准来说，一切艺术性较高的，是好的，或较好的；艺术性较低的，则是坏的，或较坏的。这种分别，当然也要看社会效果。文艺家几乎没有不以为自己的作品是美的，我们的批评，也应该容许各种各色艺术品的自由竞争；但是按照艺术科学的标准给以正确的批判，使较低级的艺术逐渐提高成为较高级的艺术，使不适合广大群众斗争要求的艺术改变到适合广大群众斗争要求的艺术，也是完全必要的。"⑤

3）政治标准与艺术标准的统一

既然政治标准和艺术标准共同存在，那么二者之间究竟是一种什么样的关系呢？毛泽东首先指出，政治不等于艺术，各个阶级社会中不同的阶级有不同的政治标准和不同的艺术标准，但是如果要排一个顺序的话，任何阶级都是把政治标准放在第一位，艺术标准放在第二位的。"政治并不等于艺术，一般的宇宙观也并不等于艺术创作和艺术批评的方法。我们不但否认抽象的绝对不变的政治标准，也否认抽象的绝对不变的艺术标准，各个阶级社会中的各个阶级都有不同的政治标准和不同的艺术标准。但是任何阶级社会中的任何阶级，总是以政治标准放在第一位，以艺术标准放在第二位的。资产阶级对于无产阶级的文学艺术作品，不管其艺术成就怎样高，总是排斥的。无产阶级对于过去时代的文学艺术作品，也必须首先检查它们对待人民的态度如何，在历史上有无进步意义，而分别采取不同态度。有些政治上根本反动的东西，也可能有某种艺术性。

---

① 毛泽东. 在延安文艺座谈会上的讲话 [M]// 毛泽东选集：第三卷. 北京：人民出版社，1991：867.
② 毛泽东. 在延安文艺座谈会上的讲话 [M]// 毛泽东选集：第三卷. 北京：人民出版社，1991：868.
③ 毛泽东. 在延安文艺座谈会上的讲话 [M]// 毛泽东选集：第三卷. 北京：人民出版社，1991：868.
④ 毛泽东. 在延安文艺座谈会上的讲话 [M]// 毛泽东选集：第三卷. 北京：人民出版社，1991：868-869.

⑤ 毛泽东. 在延安文艺座谈会上的讲话 [M]// 毛泽东选集：第三卷. 北京：人民出版社，1991：869.

内容愈反动的作品而又愈带艺术性，就愈能毒害人民，就愈应该排斥。处于没落时期的一切剥削阶级的文艺的共同特点，就是其反动的政治内容和其艺术的形式之间所存在的矛盾。"①

按照马克思主义的文艺批评理论，我们应当怎样看待这两个标准之间的关系呢？毛泽东《在延安文艺座谈会上的讲话》中指出："我们的要求则是政治和艺术的统一，内容和形式的统一，革命的政治内容和尽可能完美的艺术形式的统一。缺乏艺术性的艺术品，无论政治上怎样进步，也是没有力量的。因此，我们既反对政治观点错误的艺术品，也反对只有正确的政治观点而没有艺术力量的所谓'标语口号式'的倾向。"② 毛泽东同志提出的"三统一"的文艺批评思想是十分深刻的，是对马克思主义文艺批评理论美学观点和历史观点的继承和发展，体现了马克思主义唯物辩证法的精髓。虽然根据中国社会当时的历史事实，政治标准和艺术标准之间有轻重缓急的顺序分别，但是毛泽东文艺批评思想的核心在于政治标准和艺术标准的辩证统一，二者虽有分别，但不可割裂，不能或缺。

毛泽东的这种唯物辩证的文艺批评思想还体现在他对革命文艺和革命事业之间关系的分析上。"我们不赞成把文艺的重要性过分强调到错误的程度，但也不赞成把文艺的重要性估计不足。文艺是从属于政治的，但又反转来给予伟大的影响于政治。革命文艺是整个革命事业的一部分，是齿轮和螺丝钉，和别的更重要的部分比较起来，自然有轻重缓急第一第二之分，但它是对于整个机器不可缺少的齿轮和螺丝钉，对于整个革命事业不可缺少的一部分。如果连最广义最普通的文学艺术也没有，那革命运动就不能进行，就不能胜利。不认识这一点，是不对的。"③

毛泽东《在延安文艺座谈会上的讲话》中提出的政治标准和艺术标准相统一的文艺批评思想十分深刻，为延安的广大文艺工作者指明了文艺创作的道路和方向，"为中国革命时期和社会主义时期的文艺批评与文艺的繁荣发展奠定了正确的理论方向"④。

2. 习近平总书记关于文艺批评的重要论述

改革开放之后，邓小平、江泽民、胡锦涛等党和国家领导人对毛泽东提出的文艺批评思想进行了进一步的深化和发展。2014年，习近平总书记在主持召开文艺工作座谈会时发表了重要讲话，讲话专门对文艺批评问题进行了深入的分析，进一步深化和发展了马克思主义文艺批评理论的美学观点和历史观点。

1）思想性、艺术性、观赏性的有机统一

习近平总书记首先就什么是优秀的文艺作品提出了自己的标准："优秀文艺作品反映着一个国家、一个民族的文化创造能力和水平。吸引、引导、启迪人们必须有好的作品，推动中华文化走出去也必须有好的作品。所以，我们必须把创作生产优秀作品作为文艺工作的中心环节，努力创作生产更多传播当代中国价值观念、体现中华文化精神、反映中国人审美追求，思想性、艺术性、观赏性有机统一的优秀作品，形成'龙文百斛鼎，笔力可独扛'之势。优秀作品并不拘于

---

① 毛泽东. 在延安文艺座谈会上的讲话 [M]// 毛泽东选集：第三卷. 北京：人民出版社，1991：869.
② 毛泽东. 在延安文艺座谈会上的讲话 [M]// 毛泽东选集：第三卷. 北京：人民出版社，1991：869–870.
③ 毛泽东. 在延安文艺座谈会上的讲话 [M]// 毛泽东选集：第三卷. 北京：人民出版社，1991：866.
④《马克思主义文艺理论》编写组. 马克思主义文艺理论 [M]. 北京：高等教育出版社，2021：150.

一格、不形于一态、不定于一尊，既要有阳春白雪，也要有下里巴人，既要顶天立地，也要铺天盖地。只要有正能量、有感染力，能够温润心灵、启迪心智，传得开、留得下，为人民群众所喜爱，这就是优秀作品。"①

在这里，习近平总书记提出了评判一部优秀的文艺作品的具体标准，即思想性、艺术性和观赏性的统一。按照这一标准，一部优秀的文艺作品必须在思想上能够体现中华文化精神，在艺术上能够反映中国人的审美追求，在观赏性方面能够传播当代中国价值。思想性、艺术性和观赏性三者不可或缺，是有机统一的整体。

2）文艺批评要褒优贬劣，激浊扬清

习近平总书记《在文艺工作座谈会上的讲话》指出，要切实加强文艺评论工作，文艺批评就是要褒优贬劣、激浊扬清。

习近平总书记指出："要高度重视和切实加强文艺评论工作。文艺批评是文艺创作的一面镜子、一剂良药，是引导创作、多出精品、提高审美、引领风尚的重要力量。文艺批评要的就是批评，不能都是表扬甚至庸俗吹捧、阿谀奉承，不能套用西方理论来剪裁中国人的审美，更不能用简单的商业标准取代艺术标准，把文艺作品完全等同于普通商品，信奉'红包厚度等于评论高度'。文艺批评褒贬甄别功能弱化，缺乏战斗力、说服力，不利于文艺健康发展。真理越辩越明。一点批评精神都没有，都是表扬和自我表扬、吹捧和自我吹捧、造势和自我造势相结合，那就不是文艺批评了！金无足赤、人无完人，天下哪有十全十美的东西呢？良药苦口利于病，忠言逆耳利于行。有了真正的批评，我们的文艺作品才能越来越好。文艺批评就要褒优贬劣、激浊扬清，像鲁迅所说的那样，批评家要做'剜烂苹果'的工作，'把烂的剜掉，把好的留下来吃'。不能因为彼此是朋友，低头不见抬头见，抹不开面子，就不敢批评。作家艺术家要敢于面对批评自己作品短处的批评家，以敬重之心待之，乐于接受批评。"②

针对我国文艺批评界存在的自我表扬、自我吹捧、不敢批评、红包批评等问题，习近平总书记一针见血地指出，文艺批评就是要褒优贬劣、激浊扬清。作为文艺创作的一面镜子，只有敢于批评、敢于褒贬、勇敢指出问题，才能促进我国的文艺创作更上一层楼。习近平总书记的这一重要论述具有非常强的针对性和现实性。

3）历史的、人民的、艺术的、美学的观点

习近平总书记在继承和发展马克思主义文艺批评理论"美学观点和历史观点"的基础上，结合中国当代社会发展状况和文艺界的现实问题，进一步提出了"历史的、人民的、艺术的、美学的观点"。

在谈到文艺批评时，习近平总书记指出："要以马克思主义文艺理论为指导，继承创新中国古代文艺批评理论优秀遗产，批判借鉴现代西方文艺理论，打磨好批评这把'利器'，把好文艺批评的方向盘，运用历史的、人民的、艺术的、美学的观点评判和鉴赏作品，在艺术质量和水平上敢于实事求是，对各种不良文艺作品、现象、思潮敢于表明态度，在大是大非问题上敢于表明立场，倡导说真话、讲道理，营造开展文艺

---

① 习近平.在文艺工作座谈会上的讲话 [M]// 中共中央宣传部.习近平总书记在文艺工作座谈会上的重要讲话学习读本.北京：学习出版社，2015：8-9.

② 习近平.在文艺工作座谈会上的讲话 [M]// 中共中央宣传部.习近平总书记在文艺工作座谈会上的重要讲话学习读本.北京：学习出版社，2015：32-33.

批评的良好氛围。"①

习近平总书记的这一论述是针对改革开放之后我国文艺界存在的实际问题而提出的。习近平总书记肯定了改革开放之后我国文艺事业取得的成绩，但是也鲜明地指出了当前文艺界存在的千篇一律、缺乏高峰作品、粗制滥造、去历史化、丧失主体性等问题：

"改革开放以来，我国文艺创作迎来了新的春天，产生了大量脍炙人口的优秀作品。同时，也不能否认，在文艺创作方面，也存在着有数量缺质量、有'高原'缺'高峰'的现象，存在着抄袭模仿、千篇一律的问题，存在着机械化生产、快餐式消费的问题。在有些作品中，有的调侃崇高、扭曲经典、颠覆历史，丑化人民群众和英雄人物；有的是非不分、善恶不辨、以丑为美，过度渲染社会阴暗面；有的搜奇猎艳、一味媚俗、低级趣味，把作品当作追逐利益的'摇钱树'，当作感官刺激的'摇头丸'；有的胡编乱写、粗制滥造、牵强附会，制造了一些文化'垃圾'；有的追求奢华、过度包装、炫富摆阔，形式大于内容；还有的热衷于所谓'为艺术而艺术'，只写一己悲欢、杯水风波，脱离大众、脱离现实。凡此种种都警示我们，文艺不能在市场经济大潮中迷失方向，不能在为什么人的问题上发生偏差，否则文艺就没有生命力。"②

针对这些问题，习近平总书记指出文艺工作者应当积极提升自身水平和素养，增强社会责任感，处理好义利关系，努力创作出更多的思想精深、艺术精湛、制作精良的优秀文艺作品。"文艺工作者要自觉坚守艺术理想，不断提高学养、涵养、修养，加强思想积累、知识储备、文化修养、艺术训练，努力做到'笼天地于形内，挫万物于笔端'。除了要有好的专业素养之外，还要有高尚的人格修为，有'铁肩担道义'的社会责任感。在发展社会主义市场经济条件下，还要处理好义利关系，认真严肃地考虑作品的社会效果，讲品位，重艺德，为历史存正气，为世人弘美德，为自身留清名，努力以高尚的职业操守、良好的社会形象、文质兼美的优秀作品赢得人民喜爱和欢迎。"③

毛泽东的"政治标准和艺术标准相统一"、习近平的"历史的、人民的、艺术的、美学的观点"都是结合中国社会的历史和现实对马克思主义文艺批评理论的批判继承、发展和深化，是中国为马克思主义文艺批评理论作出的新贡献。

---

① 习近平.在文艺工作座谈会上的讲话[M]//中共中央宣传部.习近平总书记在文艺工作座谈会上的重要讲话学习读本.北京：学习出版社，2015：33-34.
② 习近平.在文艺工作座谈会上的讲话[M]//中共中央宣传部.习近平总书记在文艺工作座谈会上的重要讲话学习读本.北京：学习出版社，2015：10.
③ 习近平.在文艺工作座谈会上的讲话[M]//中共中央宣传部.习近平总书记在文艺工作座谈会上的重要讲话学习读本.北京：学习出版社，2015：13.

第 8 章　马克思主义文艺理论在中国的发展

马克思、恩格斯创立的马克思主义文艺理论在世界范围内产生了重大的影响。伴随着马克思主义学说的传入，马克思主义文艺理论在 20 世纪初传入中国。马克思主义文艺理论在中国的传播，从一开始就与中国社会的现实情况，尤其是文艺界存在的复杂的阶级斗争问题联系在一起，对中国的革命文艺起着重要的指导作用。马克思主义文艺理论在中国的发展、传播过程就是马克思主义文艺理论中国化的过程，陈独秀、瞿秋白、鲁迅等一代又一代的中国文艺理论家和毛泽东、邓小平、江泽民、胡锦涛、习近平等国家领导人不断结合中国社会的实际情况对马克思主义文艺理论进行发展和深化。其中，毛泽东的革命文艺思想和习近平总书记关于中国特色社会主义文艺和文艺工作的重要论述最具代表性。本章将对马克思主义文艺理论在中国的发展进程进行论述。

8.1　毛泽东的文艺思想

毛泽东同志是伟大的无产阶级革命家、马克思主义者，同时是伟大的战略家、理论家。毛泽东是马克思主义中国化的开拓者，他的文艺思想将马克思主义文艺理论同中国的革命和社会现实结合在一起，是对马克思主义文艺理论的批判继承和深化发展。本节将对毛泽东的文艺思想进行论述。

8.1.1　文艺为人民大众服务

1942 年，毛泽东《在延安文艺座谈会上的讲话》中提出了"我们的文艺是为什么人的？"的问题。毛泽东认为，"为什么人的问题，是一个根本的问题，原则的问题"[1]。在讲话中，毛泽东明确指出，我们的文艺是为人民大众服务的。那么，什么是人民大众呢？

毛泽东指出："最广大的人民，占全人口百分之九十以上的人民，是工人、农民、兵士和城市小资产阶级。所以我们的文艺，第一是为工人的，这是领导革命的阶级。第二是为农民的，他们是革命中最广大最坚决的同盟军。第三是为武装起来了的工人农民即八路军、新四军和其他人民武装队伍的，这是革命战争的主力。第四是为城市小资产阶级劳动群众和知识分子的，他们也是革命的同盟者，他们是能够长期地和我们合作

---

[1] 毛泽东. 在延安文艺座谈会上的讲话 [M]// 毛泽东选集：第三卷. 北京：人民出版社，1991：857.

的。这四种人，就是中华民族的最大部分，就是最广大的人民大众。我们的文艺，应该为着上面说的四种人。我们要为这四种人服务，就必须站在无产阶级的立场上，而不能站在小资产阶级的立场上。"①

毛泽东基于人民是历史创造主体的唯物史观，提出了文艺为人民大众服务："第一次使得文学艺术不再是上层贵族与知识阶层的专属品，而是成为广大的劳动者自己的创造活动，并为民众服务。"②

解决了文艺为什么人服务的问题之后，毛泽东进一步探讨了如何为人民大众服务的问题。其中，主要是普及和提高的关系问题。毛泽东明确地指出："人民要求普及，跟着也就要求提高，要求逐年逐月地提高。在这里，普及是人民的普及，提高也是人民的提高。"③但是，过去我们过于强调了提高，而忽视了普及。

毛泽东说："普及的东西比较简单浅显，因此也比较容易为目前广大人民群众所迅速接受。高级的作品比较细致，因此也比较难于生产，并且往往比较难于在目前广大人民群众中迅速流传。现在工农兵面前的问题，是他们正在和敌人作残酷的流血斗争，而他们由于长时期的封建阶级和资产阶级的统治，不识字，无文化，所以他们迫切要求一个普遍的启蒙运动，迫切要求得到他们所急需的和容易接受的文化知识和文艺作品，去提高他们的斗争热情和胜利信心，加强他们的团结，便于他们同心同德地去和敌人作斗争。对于他们，第一步需要还不是'锦上添花'，而是'雪中送炭'。所以在目前条件下，普及工作的任务更为迫切。轻视和忽视普及工作的态度是错误的。但是，普及工作和提高工作是不能截然分开的。不但一部分优秀的作品现在也有普及的可能，而且广大群众的文化水平也是在不断地提高着。普及工作若是永远停止在一个水平上，一月两月三月，一年两年三年，总是一样的货色，一样的'小放牛'，一样的'人、手、口、刀、牛、羊'，那末，教育者和被教育者岂不都是半斤八两？这种普及工作还有什么意义呢？"④所以，"我们的提高，是在普及基础上的提高；我们的普及，是在提高指导下的普及"⑤。

8.1.2 文艺与现实生活的辩证关系

毛泽东《在延安文艺座谈会上的讲话》深刻地分析了文艺与现实生活的关系问题。毛泽东指出，人民生活是一切种类的文学艺术的源泉。

毛泽东在讲话中说："一切种类的文学艺术的源泉究竟是从何而来的呢？作为观念形态的文艺作品，都是一定的社会生活在人类头脑中的反映的产物。革命的文艺，则是人民生活在革命作家头脑中的反映的产物。人民生活中本来存在着文学艺术原料的矿藏，这是自然形态的东西，是粗糙的东西，但也是最生动、最丰富、最基本的东西；在这点上说，它们使一切文学艺术相形见绌，它们是一切文学艺术取之不尽、用之不竭的唯一的源泉。"⑥

---

① 毛泽东.在延安文艺座谈会上的讲话[M]// 毛泽东选集：第三卷.北京：人民出版社，1991：855-856.
② 《艺术学概论》编写组.艺术学概论[M].北京：高等教育出版社，2019：28.
③ 毛泽东.在延安文艺座谈会上的讲话[M]// 毛泽东选集：第三卷.北京：人民出版社，1991：862.
④ 毛泽东.在延安文艺座谈会上的讲话[M]// 毛泽东选集：第三卷.北京：人民出版社，1991：861-862.
⑤ 毛泽东.在延安文艺座谈会上的讲话[M]// 毛泽东选集：第三卷.北京：人民出版社，1991：862.
⑥ 毛泽东.在延安文艺座谈会上的讲话[M]// 毛泽东选集：第三卷.北京：人民出版社，1991：860.

毛泽东是从马克思主义的社会存在决定社会意识的观点出发,对作为观念形态的文艺作品与作为社会存在的人民生活之间的关系进行了分析。人民生活作为社会存在是先于文学艺术而存在的,作为社会意识形态的文学艺术只能是社会存在的反映,"这就从理论上否定了唯心主义美学对于文艺与生活关系的长期颠倒,从实践上堵塞了文艺脱离现实生活的邪路,杜绝了企图逃避现实而进入象牙之塔去从事创作的艺术家们的幻想"①。

毛泽东指出人民生活是一切文学艺术作品的源泉,但他也辩证地认识到,人民生活本身是粗糙的、自然形态的,还需要文艺工作者去粗取精、加工创作。正因为文艺作品来源于人民生活,又经过了艺术家的去粗取精、精心创作,所以文艺作品本身来源于生活但又高于生活。毛泽东说:"人类的社会生活虽是文学艺术的唯一源泉,虽是较之后者有不可比拟的生动丰富的内容,但是人民还是不满足于前者而要求后者。这是为什么呢?因为虽然两者都是美,但是文艺作品中反映出来的生活却可以而且应该比普通的实际生活更高,更强烈,更有集中性,更典型,更理想,因此就更带普遍性。"②

正因为人民生活是一切文学艺术的源泉,毛泽东号召广大革命文艺工作者到群众中去,与广大人民群众打成一片,熟悉他们、了解他们。毛泽东《在延安文艺座谈会上的讲话》指出:"中国的革命的文学家艺术家,有出息的文学家艺术家,必须到群众中去,必须长期地无条件地全心全意地到工农兵群众中去,到火热的斗争中去,到唯一的最广大最丰富的源泉中去,观察、体验、研究、分析一切人,一切阶级,一切群众,一切生动的生活形式和斗争形式,一切文学和艺术的原始材料,然后才有可能进入创作过程。否则你的劳动就没有对象,你就只能做鲁迅在他的遗嘱里所谆谆嘱咐他的儿子万不可做的那种空头文学家,或空头艺术家。"③毛泽东指出,许多文艺工作者对自己的描写对象和作品接受者不熟悉,因此他们的作品就显得语言无味。毛泽东说:"我们的文艺工作者需要做自己的文艺工作,但是这个了解人熟悉人的工作却是第一位的工作。我们的文艺工作者对于这些,以前是一种什么情形呢?我说以前是不熟,不懂,英雄无用武之地。什么是不熟?人不熟。文艺工作者同自己的描写对象和作品接受者不熟,或者简直生疏得很。我们的文艺工作者不熟悉工人,不熟悉农民,不熟悉士兵,也不熟悉他们的干部。什么是不懂?语言不懂,就是说,对于人民群众的丰富的生动的语言,缺乏充分的知识。许多文艺工作者由于自己脱离群众、生活空虚,当然也就不熟悉人民的语言,因此他们的作品不但显得语言无味,而且里面常常夹着一些生造出来的和人民的语言相对立的不三不四的词句。"④要解决这些问题,就必须认真学习群众的语言,自思想情感上跟工农兵大众打成一片。毛泽东说:"许多同志爱说'大众化',但是什么叫做大众化呢?就是我们的文艺工作者的思想感情和工农兵大众的思想感情打成一片。而要打成一片,就应当认真学习群众的

---

① 李衍柱. 马克思主义文艺理论在中国[M]. 济南:山东文艺出版社,1990:229-230.
② 毛泽东. 在延安文艺座谈会上的讲话[M]// 毛泽东选集:第三卷. 北京:人民出版社,1991:861.
③ 毛泽东. 在延安文艺座谈会上的讲话[M]// 毛泽东选集:第三卷. 北京:人民出版社,1991:860-861.
④ 毛泽东. 在延安文艺座谈会上的讲话[M]// 毛泽东选集:第三卷. 北京:人民出版社,1991:850-851.

语言。如果连群众的语言都有许多不懂，还讲什么文艺创造呢？英雄无用武之地，就是说，你的一套大道理，群众不赏识。在群众面前把你的资格摆得越老，越像个'英雄'，越要出卖这一套，群众就越不买你的账。你要群众了解你，你要和群众打成一片，就得下决心，经过长期的甚至是痛苦的磨炼。"①

毛泽东《在延安文艺座谈会上的讲话》还指出了革命文艺的创作原则。毛泽东说："革命的文艺，应当根据实际生活创造出各种各样的人物来，帮助群众推动历史的前进。例如一方面是人们受饿、受冻、受压迫，一方面是人剥削人、人压迫人，这个事实到处存在着，人们也看得很平淡；文艺就把这种日常的现象集中起来，把其中的矛盾和斗争典型化，造成文学作品或艺术作品，就能使人民群众惊醒起来，感奋起来，推动人民群众走向团结和斗争，实行改造自己的环境。如果没有这样的文艺，那末这个任务就不能完成，或者不能有力地迅速地完成。"②社会主义革命文艺作品的主旨，就是通过塑造集中化、典型化的人物形象来激励和教育广大人民群众，帮助人民群众推动历史的前进。

按照毛泽东《在延安文艺座谈会上的讲话》中指出的文艺为人民群众服务的方向以及革命文艺的创作原则，解放区的广大文艺工作者和当时国统区的一部分进步文艺工作者，纷纷向工农兵学习，深入农村、工厂、部队，了解、熟悉人民群众的生活，从人民生活中汲取创作灵感，创作出一大批反映群众现实生活、为群众所喜爱的文艺作品，如李季的《王贵与李香香》、秧歌剧《兄妹开荒》、歌剧《白毛女》等。

8.1.3 批判地继承文学遗产

批判地继承文学遗产是毛泽东文艺思想的重要组成部分。毛泽东明确地指出，书本上的文艺作品，无论是外国的还是中国古代的，都不是文艺创作的"源"，而只能是"流"。对于这些文学遗产，我们必须取其精华、去其糟粕，批判地继承。

1940年，毛泽东在《新民主主义论》中对如何继承外国和中国古代的文学遗产进行了精彩的阐述。毛泽东首先分析了外国文学遗产，他认为，我们应该大量吸收优秀的外国文化，但要辨明其精华与糟粕，排泄其糟粕，吸收其精华，批判地吸收。毛泽东说："中国应该大量吸收外国的进步文化，作为自己文化食粮的原料，这种工作过去还做得很不够。这不但是当前的社会主义文化和新民主主义文化，还有外国的古代文化，例如各资本主义国家启蒙时代的文化，凡属我们今天用得着的东西，都应该吸收。但是一切外国的东西，如同我们对于食物一样，必须经过自己的口腔咀嚼和胃肠运动，送进唾液胃液肠液，把它分解为精华和糟粕两部分，然后排泄其糟粕，吸收其精华，才能对我们的身体有益，决不能生吞活剥地毫无批判地吸收。"③对于中国古代的文学遗产，毛泽东指出："中国的长期封建社会中，创造了灿烂的古代文化。清理古代文化的发展过程，剔除其封建性的糟粕，吸收其民主性的精华，是发展民族新文化提高民族自信心的必要条件；但是决不能无批判地兼收并蓄。必须将古代

---

① 毛泽东.在延安文艺座谈会上的讲话[M]//毛泽东选集：第三卷.北京：人民出版社，1991：851.
② 毛泽东.在延安文艺座谈会上的讲话[M]//毛泽东选集：第三卷.北京：人民出版社，1991：861.
③ 毛泽东.新民主主义论[M]//毛泽东选集：第二卷.北京：人民出版社，1991：706-707.

封建统治阶级的一切腐朽的东西和古代优秀的人民文化即多少带有民主性和革命性的东西区别开来。中国现时的新政治新经济是从古代的旧政治旧经济发展而来的，中国现时的新文化也是从古代的旧文化发展而来，因此，我们必须尊重自己的历史，决不能割断历史。但是这种尊重，是给历史以一定的科学的地位，是尊重历史的辩证法的发展，而不是颂古非今，不是赞扬任何封建的毒素。对于人民群众和青年学生，主要地不是要引导他们向后看，而是要引导他们向前看。"①

1942年，毛泽东《在延安文艺座谈会上的讲话》中再次对如何批判继承文学遗产进行了论述。毛泽东说："有人说，书本上的文艺作品，古代的和外国的文艺作品，不也是源泉吗？实际上，过去的文艺作品不是源而是流，是古人和外国人根据他们彼时彼地所得到的人民生活中的文学艺术原料创造出来的东西。我们必须继承一切优秀的文学艺术遗产，批判地吸收其中一切有益的东西，作为我们从此时此地的人民生活中的文学艺术原料创造作品时候的借鉴。有这个借鉴和没有这个借鉴是不同的，这里有文野之分，粗细之分，高低之分，快慢之分。所以我们决不可拒绝继承和借鉴古人和外国人，哪怕是封建阶级和资产阶级的东西。但是继承和借鉴决不可以变成替代自己的创造，这是决不能替代的。文学艺术中对于古人和外国人的毫无批判的硬搬和模仿，乃是最没有出息的最害人的文学教条主义和艺术教条主义。"②

毛泽东深刻地指出了人民生活是文艺创作的唯一的源泉，而书本上的文学遗产只能是文艺创作的"流"，不能替代文艺创作。毛泽东关于批判继承文学遗产的论述是十分系统和科学的，为中国的文艺工作者指明了方向。

8.1.4 文艺的时代性和民族性

文艺的时代性和民族性是毛泽东文艺思想的重要组成部分。所谓文艺的时代性，指的是文艺是时代的产物，文艺作品能够反映特定时代的社会生活和时代精神，引领时代风气。而文艺的民族性，则是指文艺作品具有鲜明的民族形式和民族风格。

1. 文艺的时代性

文艺作品和时代的关系问题是马克思主义文艺理论的重要内容。马克思曾在《〈政治经济学批判〉导言》中讨论了艺术与时代的关系问题。恩格斯也曾提出过德国民间故事的时代性问题。此后，列宁更是提出了"列夫·托尔斯泰是俄国革命的镜子"的观点，认为列夫·托尔斯泰的作品反映了他所处的时代的特点，是俄国革命的镜子。毛泽东继承和发展了马克思主义关于文艺时代性的理论，从文艺和时代的关系来评价作家作品。其中，毛泽东对鲁迅的评价最具代表性。

毛泽东在《新民主主义论》中谈到五四运动以后的新的文化生力军时，说："在'五四'以后，中国产生了完全崭新的文化生力军，这就是中国共产党人所领导的共产主义的文化思想，即共产主义的宇宙观和社会革命论。五四运动是在一九一九年，中国共产党的成立和劳动运动的真正开始是在一九二一年，均在第一次世界大战和十月革命之后，即在民族问题和殖民地革命运动在世界上改变了过去面貌之时，在这里中国革命

---

① 毛泽东. 新民主主义论 [M]// 毛泽东选集：第二卷. 北京：人民出版社，1991：707-708.
② 毛泽东. 在延安文艺座谈会上的讲话 [M]// 毛泽东选集：第三卷. 北京：人民出版社，1991：860.

和世界革命的联系，是非常之显然的。由于中国政治生力军即中国无产阶级和中国共产党登上了中国的政治舞台，这个文化生力军，就以新的装束和新的武器，联合一切可能的同盟军，摆开了自己的阵势，向着帝国主义文化和封建文化展开了英勇的进攻。这支生力军在社会科学领域和文学艺术领域中，不论在哲学方面，在经济学方面，在政治学方面，在军事学方面，在历史学方面，在文学方面，在艺术方面（又不论是戏剧，是电影，是音乐，是雕刻，是绘画），都有了极大的发展。二十年来，这个文化新军的锋芒所向，从思想到形式（文字等），无不起了极大的革命。其声势之浩大，威力之猛烈，简直是所向无敌的。其动员之广大，超过中国任何历史时代。而鲁迅，就是这个文化新军的最伟大和最英勇的旗手。鲁迅是中国文化革命的主将，他不但是伟大的文学家，而且是伟大的思想家和伟大的革命家。鲁迅的骨头是最硬的，他没有丝毫的奴颜和媚骨，这是殖民地半殖民地人民最可宝贵的性格。鲁迅是在文化战线上，代表全民族的大多数，向着敌人冲锋陷阵的最正确、最勇敢、最坚决、最忠实、最热忱的空前的民族英雄。鲁迅的方向，就是中华民族新文化的方向。"[1]

从上述评价可以看出，毛泽东对鲁迅的评价绝不仅仅是从其文艺作品的内容和成就来进行的，而是结合五四运动之后中国的革命形势和社会现实，对鲁迅进行了综合的评价。在毛泽东看来，鲁迅的创作呼应了时代的要求，反映了时代的特点，并且起到了引领时代方向的重要作用，是广大文艺工作者的楷模和旗帜。

2. 文艺的民族性

毛泽东十分重视文艺的民族性问题。毛泽东在《新民主主义论》和《同音乐工作者的谈话》中分别对文艺的民族性问题进行了深刻的分析。

在《新民主主义论》中，毛泽东首先指出了新民主主义文化的民族性。毛泽东说："这种新民主主义的文化是民族的。它是反对帝国主义压迫，主张中华民族的尊严和独立的。它是我们这个民族的，带有我们民族的特性。它同一切别的民族的社会主义文化和新民主主义文化相联合，建立互相吸收和互相发展的关系，共同形成世界的新文化；但是决不能和任何别的民族的帝国主义反动文化相联合，因为我们的文化是革命的民族文化。"[2]

文艺民族性是毛泽东根据当时文艺界存在的主张"全盘西化"的教条主义倾向而提出来的。当时一部分文艺工作者盲目崇拜国外的文学艺术，想要照搬西方，全盘西化。毛泽东反对"全盘西化"的教条主义倾向，主张将马克思主义的普遍真理和中国革命的具体实践恰当地统一起来。毛泽东说："所谓'全盘西化'的主张，乃是一种错误的观点。形式主义地吸收外国的东西，在中国过去是吃过大亏的。中国共产主义者对于马克思主义在中国的应用也是这样，必须将马克思主义的普遍真理和中国革命的具体实践完全地恰当地统一起来，就是说，和民族的特点相结合，经过一定的民族形式，才有用处，决不能主观地公式地应用它。公式的马克思主义者，只是对于马克思主义和中国革命开玩笑，在中国革命队伍中是没有他们的位置的。中国文化应有自己的形式，这就是民族形式。民族的形式，新民

---

[1] 毛泽东. 新民主主义论 [M]// 毛泽东选集：第二卷. 北京：人民出版社，1991：697-698.

[2] 毛泽东. 新民主主义论 [M]// 毛泽东选集：第二卷. 北京：人民出版社，1991：706.

主主义的内容——这就是我们今天的新文化。"①

毛泽东在《同音乐工作者的谈话》中专门对文艺的民族性进行了深入分析，提出了文艺的民族形式和民族风格问题。

1）艺术的基本原理与民族性

毛泽东在《同音乐工作者的谈话》中首先分析了艺术的基本原理与文艺的民族性之间的联系。毛泽东指出："艺术的基本原理有其共同性，但表现形式要多样化，要有民族形式和民族风格。一棵树的叶子，看上去是大体相同的，但仔细一看，每片叶子都有不同。有共性，也有个性，有相同的方面，也有相异的方面。这是自然法则，也是马克思主义的法则。作曲、唱歌、舞蹈都应该是这样。"②毛泽东深刻地指出了艺术的共性与个性、基本规律与民族形式之间的关系。

2）中国文艺的规律与民族自信心

毛泽东在《同音乐工作者的谈话》中指出，中国的民族文艺有自身的发展规律，我们要提倡民族音乐，加强对中国文艺的研究，不能因为学习了外国的东西就丧失了民族自信心。毛泽东说："说中国民族的东西没有规律，这是否定中国的东西，是不对的。中国的语言、音乐、绘画，都有它自己的规律。过去说中国画不好的，无非是没有把自己的东西研究透，以为必须用西洋的画法。当然也可以先学外国的东西再来搞中国的东西，但是中国的东西有它自己的规律。音乐可以采取外国的合理原则，也可以用外国乐器，但是总要有民族特色，要

有自己的特殊风格，独树一帜。"③毛泽东指出，可以向外国学习，但不能丧失自己的民族自信心："学了外国的，就对中国的没有信心，那不好。但不是说不要学外国。"④我们应当洋为中用，学习、吸收外国的优点，进而创造出具有民族风格的文艺作品，"应该学习外国的长处，来整理中国的，创造出中国自己的、有独特的民族风格的东西。这样道理才能讲通，也才不会丧失民族信心"⑤。

3）人民的习惯、民族的历史发展与民族风格

毛泽东指出，要创作出有民族风格、民族形式的优秀文艺作品，就必须了解人民的习惯，了解中国的历史发展。毛泽东说："艺术有形式问题，有民族形式问题。艺术离不了人民的习惯、感情以至语言，离不了民族的历史发展。艺术的民族保守性比较强一些，甚至可以保持几千年。古代的艺术，后人还是喜欢它。"⑥在此基础上，毛泽东指出，我们的文艺创作应当在表现形式上"标新立异"："表现形式应该有所不同，政治上如此，艺术上也如此。特别像中国这样大的国家，应该'标新立异'，但是，应该是为群众所欢迎的标新立异。为群众所欢迎的标新立异，越多越好，不要雷同。……在革命胜利以后的一个时期内，妇女不打扮，是标志一种风气的转变，表示革命，这是好的，但不能持久。还是要

---

① 毛泽东.新民主主义论[M]//毛泽东选集：第二卷.北京：人民出版社，1991：707.
② 毛泽东.同音乐工作者的谈话[M]//中共中央文献研究室.毛泽东文集：第7卷.北京：人民出版社，1999：76.
③ 毛泽东.同音乐工作者的谈话[M]//中共中央文献研究室.毛泽东文集：第7卷.北京：人民出版社，1999：76—77.
④ 毛泽东.同音乐工作者的谈话[M]//中共中央文献研究室.毛泽东文集：第7卷.北京：人民出版社，1999：81.
⑤ 毛泽东.同音乐工作者的谈话[M]//中共中央文献研究室.毛泽东文集：第7卷.北京：人民出版社，1999：83.
⑥ 毛泽东.同音乐工作者的谈话[M]//中共中央文献研究室.毛泽东文集：第7卷.北京：人民出版社，1999：77.

多样化为好。"①

4）反对教条主义和"全盘西化"

毛泽东指出，我们可以学习、借鉴外国艺术的长处，吸收其精华，但不能照搬西方，要越搞越中国化，而不是"全盘西化"。我们要反对教条主义和"全盘西化"。毛泽东说："艺术上'全盘西化'被接受的可能性很少，还是以中国艺术为基础，吸收一些外国的东西进行自己的创造为好。现在各种各样的东西都可以搞，听凭人选择。外国的许多东西都要去学，而且要学好，大家也可以见见世面。但是在中国艺术中硬搬西洋的东西，中国人就不欢迎。"②毛泽东指出，西洋的音乐原理要和中国的实际相结合："在中国，马列主义的基本原理要和中国的革命实际相结合。十月革命就是俄国革命的民族形式。社会主义的内容，民族的形式，在政治方面是如此，在艺术方面也是如此。西洋的一般音乐原理要和中国的实际相结合，这样就可以产生很丰富的表现形式。"③对国外的东西既不能一概排斥，也不能全盘吸收，毛泽东说："外国音乐我们能消化它，吸收它的长处，就对我们有益。文化上对外国的东西一概排斥，或者全盘吸收，都是错误的。应该越搞越中国化，而不是越搞越洋化。这样争论就可以统一了。要反对教条主义，反对保守主义，这两个东西对中国都是不利的。学外国不等于一切照搬。向古人学习是为了现在的活人，向外国人学习是为了今天的中国人。"④

8.1.5 文艺批评的标准

毛泽东《在延安文艺座谈会上的讲话》专门论述了文艺批评的标准问题。政治标准和艺术标准相结合的文艺批评标准是毛泽东文艺思想的重要组成部分。关于毛泽东的文艺批评标准，已经在本书第7章进行了专门论述，在此不再重复。

8.1.6 "百花齐放、百家争鸣"的方针

"百花齐放、百家争鸣"的"双百"方针是毛泽东提出的重要文艺发展政策。1951年，毛泽东在给中国戏曲研究院题词时，就写下了"百花齐放，推陈出新"。1956年4月28日，毛泽东《在中共中央政治局扩大会议上的总结讲话》中提出了"百花齐放、百家争鸣"的问题。毛泽东在讲话中指出："艺术问题上的百花齐放，学术问题上的百家争鸣，我看应该成为我们的方针。'百花齐放'是群众中间提出来的，不晓得是谁提出来的。人们要我题词，我就写了'百花齐放，推陈出新'。'百家争鸣'，这是两千年以前就有的事，春秋战国时代，百家争鸣。讲学术，这种学术也可以讲，那种学术也可以讲，不要拿一种学术压倒一切。你讲的如果是真理，信的人势必就会越来越多。"⑤1956年5月2日，在最高国务会议第七次会议上，毛泽东正式提出了"百花齐放、百家争鸣"的"双百"方针。1957年2月27日，毛泽东在《关于正确处理人民内部矛盾的问题》中再次提出"双百"方针。

---

① 毛泽东.同音乐工作者的谈话[M]// 中共中央文献研究室.毛泽东文集：第7卷.北京：人民出版社，1999：80.
② 毛泽东.同音乐工作者的谈话[M]// 中共中央文献研究室.毛泽东文集：第7卷.北京：人民出版社，1999：77.
③ 毛泽东.同音乐工作者的谈话[M]// 中共中央文献研究室.毛泽东文集：第7卷.北京：人民出版社，1999：78.
④ 毛泽东.同音乐工作者的谈话[M]// 中共中央文献研究室.毛泽东文集：第7卷.北京：人民出版社，1999：82.
⑤ 毛泽东.在中共中央政治局扩大会议上的总结讲话[M]// 中共中央文献研究室.毛泽东文集：第7卷.北京：人民出版社，1999：54-55.

在《关于正确处理人民内部矛盾的问题》中，毛泽东明确指出，百花齐放、百家争鸣的方针是促进我国社会主义文化繁荣的方针。毛泽东说："百花齐放、百家争鸣的方针是促进艺术发展和科学进步的方针，是促进我国的社会主义文化繁荣的方针。艺术上不同的形式和风格可以自由发展，科学上不同的学派可以自由争论。"① 毛泽东反对利用行政力量干预艺术和科学发展中的学派和风格问题。毛泽东指出："利用行政力量，强制推行一种风格，一种学派，禁止另一种风格，另一种学派，我们认为会有害于艺术和科学的发展。艺术和科学中的是非问题，应当通过艺术界科学界的自由讨论去解决，通过艺术和科学的实践去解决，而不应当采取简单的方法去解决。"②

"双百"方针是毛泽东根据中国社会的具体情况，主要是社会矛盾的变化而提出来的。当时，人民内部的矛盾已经成为社会的主要矛盾，"双百"方针的提出适应了当时国家迅速发展经济和文化的迫切需求。

在论述"双百"方针的同时，毛泽东还深刻地分析了真理的发展规律。毛泽东指出："马克思主义必须在斗争中才能发展，不但过去是这样，现在是这样，将来也必然还是这样。正确的东西总是在同错误的东西作斗争的过程中发展起来的。真的、善的、美的东西总是在同假的、恶的、丑的东西相比较而存在，相斗争而发展的。当着某一种错误的东西被人类普遍地抛弃，某一种真理被人类普遍地接受的时候，更加新的真理又在同新的错误意见作斗争。这种斗争永远不会完结。这是真理发展的规律，当然也是马克思主义发展的规律。"③ 在这里，毛泽东运用马克思主义的对立统一的观点对真理的发展规律进行了总结和概括，把"真、善、美"与"假、恶、丑"的对立统一关系进行了深刻的阐释，对文艺工作者的文艺创作具有重要的理论指导意义。

8.2 中国特色社会主义的文艺理论

中国特色社会主义的文艺理论是马克思主义文艺理论在当代中国的新发展，是马克思主义文艺理论中国化的最新成果。中国特色社会主义的文艺理论与毛泽东的文艺思想是一脉相承的。中国特色社会主义的文艺理论的主题是繁荣和发展中国特色社会主义文艺。中国特色社会主义的文艺理论，"是在深入而准确地把握中国特色社会主义文艺发展的矛盾并科学地解决这个矛盾的基础上创立的"④。邓小平、江泽民、胡锦涛、习近平等党和国家领导人的文艺思想与相关论述是中国特色社会主义的文艺理论的主要组成部分。

8.2.1 邓小平的文艺理论

邓小平在坚决捍卫和继承毛泽东文艺思想的基础上，按照马克思主义文艺理论的原则和方法，紧密结合中国国情，创造性地提出了一些新

---

① 毛泽东.关于正确处理人民内部矛盾的问题[M]// 中共中央文献研究室.毛泽东文集：第7卷.北京：人民出版社，1999：229.
② 毛泽东.关于正确处理人民内部矛盾的问题[M]// 中共中央文献研究室.毛泽东文集：第7卷.北京：人民出版社，1999：229.

③ 毛泽东.关于正确处理人民内部矛盾的问题[M]// 中共中央文献研究室.毛泽东文集：第7卷.北京：人民出版社，1999：230-231.
④ 何雁.中国特色社会主义文艺理论发展的三个阶段[J].学习与探索，2010（1）：180.

的理论观点，丰富了马克思主义文艺理论中国化的成果。邓小平的文艺理论主要包括以下几个方面。

1. 人民需要艺术，艺术更需要人民

文艺与人民的关系是马克思主义文艺理论中的一个重要问题。毛泽东《在延安文艺座谈会上的讲话》提出了文艺为人民大众服务。邓小平在继承毛泽东这一文艺思想的基础上，进一步深化了文艺为人民大众服务的思想。邓小平指出，人民是文艺工作者的母亲，人民需要艺术，艺术更需要人民。

1979年10月30日，邓小平《在中国文学艺术工作者第四次代表大会上的祝辞》中提出："人民是文艺工作者的母亲。一切进步文艺工作者的艺术生命，就在于他们同人民之间的血肉联系。忘记、忽略或是割断这种联系，艺术生命就会枯竭。人民需要艺术，艺术更需要人民。自觉地在人民的生活中汲取题材、主题、情节、语言、诗情和画意，用人民创造历史的奋发精神来哺育自己，这就是我们社会主义文艺事业兴旺发达的根本道路。"①

邓小平深刻地指出了文艺与人民的血肉联系。一方面，艺术需要人民，人民是文艺工作者的母亲，艺术需要从人民生活中汲取营养，"要给人民以营养，必须自己先吸收营养"②。广大文艺工作者要扎根于人民生活，深入人民群众，倾听民众呼声，理解人民群众，才能创作出具有时代特色的经典佳作。艺术作品创作完成之后，最终也需要经受人民的检验。是否能够获得人民群众的喜爱，是判断艺术作品成功与否的重要标准。作品的思想成就和艺术成就主要由人民来评判。另一方面，艺术也是人民不可或缺的精神食粮，人民需要通过艺术获得教育和启发，从艺术中得到娱乐和审美的享受。我们的社会主义文艺"要通过有血有肉、生动感人的艺术形象，真实地反映丰富的社会生活，反映人们在各种社会关系中的本质，表现时代前进的要求和历史发展的趋势，并且努力用社会主义思想教育人民，给他们以积极进取、奋发图强的精神"③。

2. 文艺为人民服务，为社会主义服务

在文艺为人民服务的基础上，邓小平进一步分析了文艺与四个现代化建设、精神文明建设之间的关系。邓小平把文艺与实现"四个现代化"的中心任务以及发展社会主义精神文明结合起来。邓小平指出："文艺工作者，要同教育工作者、理论工作者、新闻工作者、政治工作者以及其他有关同志相互合作，在意识形态领域中，同各种妨害四个现代化的思想习惯进行长期的、有效的斗争。要批判剥削阶级思想和小生产守旧狭隘心理的影响，批判无政府主义、极端个人主义，克服官僚主义。要恢复和发扬我们党和人民的革命传统，培养和树立优良的道德风尚，为建设高度发展的社会主义精神文明做出积极的贡献。"④

在邓小平这些观点的基础上，1980年，党

---

① 邓小平. 在中国文学艺术工作者第四次代表大会上的祝辞[M]// 邓小平. 中央宣传部文艺局编. 邓小平论文艺. 北京：人民文学出版社，2002：8.

② 邓小平. 在中国文学艺术工作者第四次代表大会上的祝辞[M]// 邓小平著. 中央宣传部文艺局编. 邓小平论文艺. 北京：人民文学出版社，2002：8.

③ 邓小平. 在中国文学艺术工作者第四次代表大会上的祝辞[M]// 邓小平著. 中央宣传部文艺局编. 邓小平论文艺. 北京：人民文学出版社，2002：6.

④ 邓小平. 在中国文学艺术工作者第四次代表大会上的祝辞[M]// 邓小平著. 中央宣传部文艺局编. 邓小平论文艺. 北京：人民文学出版社，2002：5.

中央明确提出了"文艺为人民服务,为社会主义服务"的文艺发展方向。"文艺为人民服务,为社会主义服务"的方向,概括了新时期文艺工作的根本任务和目的。"二为"方向的内容主要体现在以下两个方面:第一,文艺要为人民服务,通过文艺作品提升人民的思想、文化、道德水平,促进人的全面发展,提升人民的幸福感、获得感;第二,文艺工作者创作的文艺作品要为社会主义现代化建设服务,为社会主义精神文明建设服务。为社会主义服务代表了人民的根本利益,为人民服务是党的根本宗旨,所以这两个方面的内容本质上是一致的。

3. 坚持"百花齐放、百家争鸣"

邓小平指出,我们应该继续坚持毛泽东提出的"双百"方针,提倡艺术创作上风格和形式的自由发展,反对机械化一的公式化概念化倾向。

邓小平指出:"我们要继续坚持毛泽东同志提出的文艺为最广大的人民群众、首先为工农兵服务的方向,坚持百花齐放、推陈出新、洋为中用、古为今用的方针,在艺术创作上提倡不同形式和风格的自由发展,在艺术理论上提倡不同观点和学派的自由讨论。列宁说过,在文学事业中,'绝对必须保证有个人创造性和个人爱好的广阔天地,有思想和幻想、形式和内容的广阔天地。'围绕着实现四个现代化的共同目标,文艺的路子要越走越宽,在正确的创作思想的指导下,文艺题材和表现手法要日益丰富多彩,敢于创新。要防止和克服单调刻板、机械划一的公式化概念化倾向。"①

针对文艺界一些人对"双百"方针的误解,邓小平也进行了及时的纠正。坚持"双百"方针与批评和自我批评并不是对立的。有些文艺工作者把正常的批评看成"围攻"或者"打棍子",以偏概全,曲解了党的"双百"方针。邓小平指出,不能把开展批评与"双百"方针对立起来,"百家争鸣"不等于鸣放绝对自由。邓小平《党在组织战线和思想战线上的迫切任务》中指出:"党的方针没有变,'双百'方针还是要。但是把开展批评同'双百'方针对立起来,却是一种严重的误解或曲解。'双百'方针的目的是促进社会主义文化的繁荣。毛泽东同志说过:'真理是在同谬误作斗争中间发展起来的。马克思主义就是这样发展起来的。'有些人把'双百'方针理解为鸣放绝对自由,甚至只让错误的东西放,不让马克思主义争。这还叫什么百家争鸣?这就把'双百'方针这个无产阶级的马克思主义的方针,歪曲为资产阶级的自由主义的方针了。"②

4. 加强和改进党对文艺工作的领导

邓小平《在中国文学艺术工作者第四次代表大会上的祝辞》中,提出要加强和改进党对文艺工作的领导。

邓小平指出:"各级党委都要领导好文艺工作。党对文艺工作的领导,不是发号施令,不是要求文学艺术从属于临时的、具体的、直接的政治任务,而是根据文学艺术的特征和发展规律,帮助文艺工作者获得条件来不断繁荣文学艺术事业,提高文学艺术水平,创作出无愧于我们伟大人民、伟大时代的优秀的文学艺术作品和表演艺

---

① 邓小平. 在中国文学艺术工作者第四次代表大会上的祝辞[M]// 邓小平著. 中央宣传部文艺局编. 邓小平论文艺. 北京:人民文学出版社,2002:7.

② 邓小平. 党在组织战伐和思想战伐上的迫切任务[M]// 邓小平著. 中央宣传部文艺局编. 邓小平论文艺. 北京:人民文学出版社,2002:89—90.

术成果。"①

邓小平的这一论述是非常科学的,他认为党对文艺的领导要依据文学艺术自身的发展规律进行。不仅如此,邓小平还指出,领导干部要抛弃"衙门作风",平等地同文艺工作者交换意见,不要对其创作实践横加干涉,要坚持辩证唯物主义的思想路线,研究新情况,解决新问题。

8.2.2 江泽民的文艺理论

江泽民高屋建瓴地思考了中国特色社会主义文艺的发展方向问题。江泽民提出要高度重视社会主义先进文化建设,高扬社会主义文艺的主旋律,继续发扬鲁迅精神,高度重视中国特色社会主义文艺批评。

1. 高扬中国特色社会主义文艺的主旋律

江泽民在《当代中国共产党人的庄严使命》中指出:"要鼓励深入研究我国建设和改革的现实问题,鼓励创作更多健康文明、积极向上、为人民大众喜闻乐见的作品。在这些作品中,反映社会主义时代精神应该成为主旋律。"②1994年,江泽民《在全国宣传思想工作会议上的讲话》中进一步阐述了社会主义文艺主旋律的问题,江泽民说:"弘扬主旋律,就是要在建设有中国特色社会主义的理论和党的基本路线指导下,大力倡导一切有利于发扬爱国主义、集体主义、社会主义的思想和精神,大力倡导一切有利于改革开放和现代化建设的思想和精神,大力倡导一切有利于民族团结、社会进步、人民幸福的思想和精神,大力倡导一切用诚实劳动争取美好生活的思想和精神。弘扬主旋律,使我们的精神产品符合人民的利益,促进社会的进步,不断满足人民群众日益增长的精神文化需求,这是发展宣传文化事业、繁荣社会主义文化市场的主题。"③

2. 进一步学习和发扬鲁迅精神

毛泽东曾经在《新民主主义论》中称赞鲁迅是"中国文化革命的主将",鲁迅代表了中华民族新文化的方向。江泽民继承了毛泽东的这一文艺思想,进一步提出要学习和发扬鲁迅精神。

江泽民在鲁迅诞生110周年纪念大会上的讲话中指出:"面对错综复杂的国际形势和艰难繁重的国内建设和改革任务,不仅文化战线的同志要义不容辞地学习鲁迅、宣传鲁迅,而且广大工人、农民、知识分子和各条战线的干部,都要进一步学习和发扬鲁迅精神。"④江泽民指出,我们应当从三个方面学习和发扬鲁迅精神。第一,要进一步学习和发扬鲁迅的爱国主义精神。"横眉冷对千夫指,俯首甘为孺子牛"是鲁迅爱国主义精神的生动写照。第二,要进一步学习和发扬鲁迅坚韧的战斗精神。鲁迅身上体现出百折不挠、锲而不舍的韧性和战斗精神。第三,要进一步学习和发扬鲁迅博采众长、勇于创新的精神。鲁迅广泛吸收各家之长,又不生搬硬套,融会贯通,塑造出许多富有新意、独具个性的艺术形象。

3. 高度重视中国特色社会主义文艺评论

江泽民高度重视中国特色社会主义文艺批评对中国特色社会主义事业的正确引导作用。江泽民在《文艺是民族精神的火炬》中指出:"希望

---

① 邓小平.在中国文学艺术工作者第四次代表大会上的祝辞[M]//邓小平著.中央宣传部文艺局编.邓小平论文艺.北京:人民文学出版社,2002:9-10.
② 江泽民.当代中国共产党人的庄严使命[M]//江泽民文选:第一卷.北京:人民出版社,2006:159.
③ 江泽民.在全国宣传思想工作会议上的讲话[N].人民日报,1994-3-7.
④ 江泽民.进一步学习和发扬鲁迅精神[M]//江泽民文选:第一卷.北京:人民出版社,2006:170.

广大文艺工作者高度重视文艺理论和文艺评论工作。文艺的发展，离不开文艺理论的指导和文艺评论的促进。要适应时代特点和结合实践要求，努力加强文艺理论建设，积极开展文艺评论，大胆进行文艺理论和文艺评论的创新，为我国文艺事业健康发展提供正确引导。"①

如何开展中国特色社会主义的文艺评论呢？江泽民对这一问题也进行了深刻的阐释。江泽民《宣传思想战线的主要任务》中指出："在文艺创作中要坚持'二为'方向和'双百'方针，努力形成一种大胆探索、积极创新的良好气氛，同时还要积极开展健康的文艺评论。欧洲文艺复兴时期，文艺创作很活跃，文艺评论也很活跃。俄国十九世纪产生了一批有世界影响的作家，也产生了车尔尼雪夫斯基、别林斯基、杜勃罗留波夫这样的有权威的大评论家。我们的文艺评论，要提倡说理，对优秀作品应该褒扬，对不健康的东西也应该批评。在开展文艺评论中，既不能庸俗捧场，也不能乱扣帽子，更不能把正确的批评说成是打棍子。如果那样，我们就没有文艺评论了。总之，我们的文艺评论要提倡相互切磋、共同提高。"②

8.2.3 胡锦涛的文艺理论

进入新世纪新阶段，胡锦涛立足我国基本国情，站在历史和时代的高度，提出了科学发展观这一战略思想。在文艺方面，胡锦涛提出了中国特色社会主义科学的文艺发展观，强调以进步文艺或先进的健康的文艺引领文艺的多样化发展。

1. 进步文艺的引领作用

胡锦涛《在中国文联第八次全国代表大会、中国作协第七次全国代表大会上的讲话》中提出了"进步文艺"的概念。

胡锦涛在讲话中指出："一切进步文艺，都源于人民、为了人民、属于人民。一切进步文艺工作者的艺术生命，都存在于同人民群众的血肉联系之中。人民创造历史的活动，是文艺创作的丰厚土壤和源头活水。一切受人民欢迎、对人民有深刻影响的艺术作品，从本质上说，都必须既反映人民精神世界又引领人民精神生活，都必须在人民的伟大中获得艺术的伟大。历史和现实一再表明，真情热爱人民、真正了解人民、真诚理解人民，才能创作出深受人民欢迎、对人民有深刻影响的优秀作品。"③胡锦涛指出了进步文艺对于民族、国家的文化功能："进步文艺，刻写着一个民族的希望，昭示着一个国家的未来，深深影响着一个民族的精神和一个时代的风尚。这是古往今来人们赞扬进步文艺、呼唤进步文艺的根本原因。"④在此基础上，胡锦涛提出了对于广大文艺工作者的殷切期望："我国广大文艺工作者一定要正确认识和牢牢把握我国社会发展的正确方向，深刻体验人民前进的准确信号，敏锐发现时代变革的风气之先，自觉响应社会发展的客观要求，坚持把个人的艺术追求融入国家发展的洪流之中，把文艺的生动创造寓于时代进步的运动之中，以充沛的激情、生动的笔触、优美的旋律、感人的形象，升起更加昂扬的理想风帆，描绘更加美好的生活蓝图，激励更加坚定的奋进信

---

① 江泽民. 文艺是民族精神的火炬 [M]// 江泽民文选：第三卷. 北京：人民出版社，2006：404.
② 江泽民. 宣传思想战线的主要任务 [M]// 江泽民文选：第一卷. 北京：人民出版社，2006：507-508.
③ 胡锦涛. 在中国文联第八次全国代表大会、中国作协第七次全国代表大会上的讲话 [N]. 文艺报，2006-11-11.
④ 胡锦涛. 在中国文联第八次全国代表大会、中国作协第七次全国代表大会上的讲话 [N]. 文艺报，2006-11-11.

心，满腔热情地讴歌时代主旋律，努力为发展社会主义先进文化建功立业。"①

2. 文艺的"三贴近"

毛泽东在谈到人民生活是一切文学艺术创作的源泉时曾指出，熟悉人、了解人的工作是第一位的。胡锦涛继承和发展了毛泽东的这一文艺思想，进一步提出广大文艺工作者要深入群众生活，走进群众心中，从群众生活中汲取营养，不断创作出让人民满意的优秀作品。胡锦涛提出了"贴近实际、贴近生活、贴近群众"的"三贴近"的原则。

胡锦涛指出："我国广大文艺工作者一定要坚持以人为本，牢固树立人民群众是历史创造者的历史唯物主义观点，培养和增进对人民群众的感情，坚持以最广大人民为服务对象和表现主体，关心群众疾苦，体察人民愿望，把握群众需求，通过形式多样的艺术创造，为人民放歌，为人民抒情，为人民呼吁。要贴近实际、贴近生活、贴近群众，深入改革开放和现代化建设第一线，深入企业、乡村、社区、军营、校园生活最前沿，不断创作出让人民满意的优秀作品，满足人民群众多层次、多样化、多方面的精神文化需求。"②

3. 不断认识和掌握文艺发展规律

邓小平曾经提出，党对文艺工作的领导要依据文学艺术自身的发展规律。胡锦涛继承和发展了邓小平的这一文艺思想，指出中国特色社会主义文艺必须加强调查研究，要不断认识和掌握文艺发展规律，以符合文艺发展规律的方式领导文艺。

胡锦涛指出："要全面贯彻党的文艺方针政策，充分发扬艺术民主和学术民主，坚持社会责任和创作自由的统一、弘扬主旋律和提倡多样化的统一，加强调查研究，不断认识和掌握文艺规律，尊重文艺工作者的创造性劳动，以符合文艺规律的方式领导文艺工作。"③随着我国社会主义市场经济体制不断完善和对外开放不断扩大，中国特色社会主义文艺面临着许多新情况、新问题。胡锦涛指出，各级文学艺术界联合会、作家协会要积极探索符合文艺发展规律的管理模式。胡锦涛指出："中国文联、中国作协要围绕中心、服务大局，坚持正确文艺方向，发挥自身优势，履行好联络协调服务职能，起好桥梁纽带作用。随着社会主义市场经济体制不断完善和对外开放不断扩大，随着科技进步日新月异，文艺观念、文艺创作方式、文艺队伍构成发生了深刻变化，文艺的生产、服务、传播、消费形式日益多样化。面对新情况新问题，各级文联、作协要努力探索适应社会主义市场经济体制、符合文艺发展规律和人民团体特点的管理体制、运行机制、组织形式、活动方式，不断加强行业服务、行业管理、行业自律，依法维护文艺工作者的权益，广泛团结各方面各领域的文艺工作者，把文联、作协办成文艺工作者之家。各级文联、作协要采取多种形式组织文艺工作者深入生活、服务基层，积极指导和推动群众性文艺活动。要加强对外交流，推动中华文化走向世界，更好地向世界展示中华文化。"④

---

① 胡锦涛. 在中国文联第八次全国代表大会、中国作协第七次全国代表大会上的讲话[N]. 文艺报，2006-11-11.
② 胡锦涛. 在中国文联第八次全国代表大会、中国作协第七次全国代表大会上的讲话[N]. 文艺报，2006-11-11.
③ 胡锦涛. 在中国文联第八次全国代表大会、中国作协第七次全国代表大会上的讲话[N]. 文艺报，2006-11-11.
④ 胡锦涛. 在中国文联第八次全国代表大会、中国作协第七次全国代表大会上的讲话[N]. 文艺报，2006-11-11.

8.2.4 习近平总书记关于文艺的重要论述

习近平总书记在继承毛泽东、邓小平、江泽民、胡锦涛等党和国家领导人的文艺思想的基础上，紧密结合当前我国的社会发展情况和世界大势，就文艺的时代性、文艺的人民性、文艺的地位、文艺的发展规律等问题做出了一系列高屋建瓴的新论述。习近平总书记关于文艺的重要论述主要包括"文艺是时代前进的号角""以人民为中心的创作导向""中国精神是社会主义文艺的灵魂""党对文艺工作的领导""文艺的社会效益与经济效益的统一""历史的、人民的、艺术的、美学的观点"六个方面。其中，习近平总书记关于文艺批评"历史的、人民的、艺术的、美学的观点"已经在第7章中专门论述，在此不再重复。

1. 文艺是时代前进的号角

习近平总书记继承和发展了毛泽东关于文艺时代性的文艺思想，提出文艺是时代前进的号角，最能代表一个时代的风貌，最能引领一个时代的风气。广大文艺工作者应当认清自己所担负的历史使命和责任，做时代风气的先行者，书写和记录时代的要求。

2014年10月15日，习近平总书记《在文艺工作座谈会上的讲话》中首先指出了社会主义文艺的地位和作用。习近平总书记结合中国和世界发展的大势指出："为什么要高度重视文艺和文艺工作？这个问题，首先要放在我国和世界发展大势中来审视。我说过，实现中华民族伟大复兴，是近代以来中国人民最伟大的梦想。今天，我们比历史上任何时期都更接近中华民族伟大复兴的目标，比历史上任何时期都更有信心、有能力实现这个目标。而实现这个目标，必须高度重视和充分发挥文艺和文艺工作者的重要作用。"[①]文艺作为文化的重要组成部分，在中华民族5000多年的文明进程中发挥着极为重要的作用："历史和现实都证明，中华民族有着强大的文化创造力。每到重大历史关头，文化都能感国运之变化、立时代之潮头、发时代之先声，为亿万人民、为伟大祖国鼓与呼。"[②]

习近平总书记指出："文艺是时代前进的号角，最能代表一个时代的风貌，最能引领一个时代的风气。'文变染乎世情，兴废系乎时序。'在欧洲文艺复兴运动中，但丁、彼特拉克、薄伽丘、达·芬奇、拉斐尔、米开朗琪罗、蒙田、塞万提斯、莎士比亚等文艺巨人，发出了新时代的啼声，开启了人们的心灵。在谈到文艺复兴运动时，恩格斯说，这'是一个需要巨人而且产生了巨人——在思维能力、热情和性格方面，在多才多艺和学识渊博方面的巨人的时代。'在我国发展史上，包括文艺在内的文化发展同样与中华民族发展紧紧联系在一起。先秦时期，我国出现了百家争鸣的兴盛局面，开创了我国古代文化的一个鼎盛期。20世纪初，在五四新文化运动中，发端于文艺领域的创新风潮对社会变革产生了重大影响，成为全民族思想解放运动的重要引擎。"[③]习近平总书记结合欧洲文艺复兴运动和我国先秦时期的百家争鸣，深刻地指出了文艺与时代发展的紧密关系。

正因为文艺是时代前进的号角，广大文艺工

---

① 习近平. 在文艺工作座谈会上的讲话[M]// 中共中央宣传部. 习近平总书记在文艺工作座谈会上的重要讲话学习读本. 北京：学习出版社，2015：2.

② 习近平. 在文艺工作座谈会上的讲话[M]// 中共中央宣传部. 习近平总书记在文艺工作座谈会上的重要讲话学习读本. 北京：学习出版社，2015：5.

③ 习近平. 在文艺工作座谈会上的讲话[M]// 中共中央宣传部. 习近平总书记在文艺工作座谈会上的重要讲话学习读本. 北京：学习出版社，2015：6.

作者就应该认清自己所担负的历史使命和责任。习近平总书记指出："现在，全党全国各族人民正按照党的十八大确立的奋斗目标和党的十八届三中全会提出的改革任务，一步一步把中国特色社会主义事业向前推进。实现'两个一百年'奋斗目标、实现中华民族伟大复兴的中国梦是长期而艰巨的伟大事业。伟大事业需要伟大精神。实现这个伟大事业，文艺的作用不可替代，文艺工作者大有可为。广大文艺工作者要从这样的高度认识文艺的地位和作用，认识自己所担负的历史使命和责任。"[1] 习近平总书记还在讲话中表达了自己对我国文艺工作者的期待，为广大文艺工作者指明了前进的方向。习近平总书记说："我国作家艺术家应该成为时代风气的先觉者、先行者、先倡者，通过更多有筋骨、有道德、有温度的文艺作品，书写和记录人民的伟大实践、时代的进步要求，彰显信仰之美、崇高之美，弘扬中国精神、凝聚中国力量，鼓舞全国各族人民朝气蓬勃迈向未来。"[2]

2. 以人民为中心的创作导向

毛泽东《在延安文艺座谈会上的讲话》曾经提出文艺为人民大众服务的观点。此后，邓小平、江泽民、胡锦涛都继承了毛泽东的这一文艺思想，强调文艺属于人民。习近平总书记在继承毛泽东、邓小平、江泽民、胡锦涛等文艺思想的基础上，进一步提出社会主义文艺的本质问题，强调坚持以人民为中心的创作导向。

习近平总书记《在文艺工作座谈会上的讲话》指出："社会主义文艺，从本质上讲，就是人民的文艺。"[3] 在这里，习近平总书记明确指出了社会主义文艺的本质属性就是人民性。习近平总书记指出，人民是历史的创造者和见证者，必须把人民作为文艺表现的主体，把为人民服务作为文艺工作者的天职。习近平总书记说："人民既是历史的创造者、也是历史的见证者，既是历史的'剧中人'、也是历史的'剧作者'。文艺要反映好人民心声，就要坚持为人民服务、为社会主义服务这个根本方向。这是党对文艺战线提出的一项基本要求，也是决定我国文艺事业前途命运的关键。只有牢固树立马克思主义文艺观，真正做到了以人民为中心，文艺才能发挥最大正能量。以人民为中心，就是要把满足人民精神文化需求作为文艺和文艺工作的出发点和落脚点，把人民作为文艺表现的主体，把人民作为文艺审美的鉴赏家和评判者，把为人民服务作为文艺工作者的天职。"[4]

习近平总书记从三个方面阐释了文艺人民性的内涵。第一，人民需要文艺。随着我国经济、社会的发展，人民物质生活水平不断提高，人民群众的精神文化需求随之也不断提高。只有不断创作出高质量的文艺作品，才能满足人民群众迫切的文化需要。因此，"文学、戏剧、电影、电视、音乐、舞蹈、美术、摄影、书法、曲艺、杂技以及民间文艺、群众文艺等各领域都要跟上时代发展、把握人民需求，以充沛的激情、生动的笔触、优美的旋律、感人的形象创作生产出人民

---

[1] 习近平.在文艺工作座谈会上的讲话[M]// 中共中央宣传部.习近平总书记在文艺工作座谈会上的重要讲话学习读本.北京：学习出版社，2015：6-7.

[2] 习近平.在文艺工作座谈会上的讲话[M]// 中共中央宣传部.习近平总书记在文艺工作座谈会上的重要讲话学习读本.北京：学习出版社，2015：7.

[3] 习近平.在文艺工作座谈会上的讲话[M]// 中共中央宣传部.习近平总书记在文艺工作座谈会上的重要讲话学习读本.北京：学习出版社，2015：14.

[4] 习近平.在文艺工作座谈会上的讲话[M]// 中共中央宣传部.习近平总书记在文艺工作座谈会上的重要讲话学习读本.北京：学习出版社，2015：15.

喜闻乐见的优秀作品，让人民精神文化生活不断迈上新台阶"①。另外，文艺作品也是国际社会了解中国文化的重要方式，文艺工作者要讲好中国故事，让国外民众了解中国文化。第二，文艺需要人民。人民是文艺创作的源泉，古今中外的经典文艺作品大都是根植于人民现实生活、反映人民需求、顺应人民意愿的。例如，中国的《诗经》《木兰诗》《敕勒歌》，外国的《荷马史诗》《神曲》等，都反映了特定历史时期的人民生活。因此，广大文艺工作者"要始终把人民的冷暖、人民的幸福放在心中，把人民的喜怒哀乐倾注在自己的笔端，讴歌奋斗人生，刻画最美人物，坚定人们对美好生活的憧憬和信心"②。第三，文艺要热爱人民。文艺工作者要热爱人民，深入人民的生活，扎根人民，才能创作出反映人民需求的优秀作品。鲁迅扎根人民，深入观察当时的人民的社会生活，写出了《阿Q正传》《孔乙己》等佳作。曹雪芹对当时民众的生活做了显微镜式的细致观察，才有了《红楼梦》这样的经典。柳青熟知陕西关中农民的喜怒哀乐，创作出了文学经典《创业史》。习近平总书记指出："我们要走进生活深处，在人民中体悟生活本质、吃透生活底蕴。只有把生活咀嚼透了，完全消化了，才能变成深刻的情节和动人的形象，创作出来的作品才能激荡人心。"③

2019年7月16日，习近平总书记在《习近平致中国文联中国作协成立70周年的贺信》中，肯定了党的十八大以来广大文艺工作者坚持以人民为中心的工作导向，取得了丰硕成果。习近平总书记在贺信中指出："文艺事业是党和人民的重要事业，文艺战线是党和人民的重要战线。新中国成立70年来，广大文艺工作者响应党的号召，积极投身社会主义革命和建设、改革开放伟大实践，创作出一批又一批脍炙人口的优秀文艺作品，塑造了一批又一批经典艺术形象。特别是党的十八大以来，广大文艺工作者坚持以人民为中心的工作导向，深入生活、扎根人民，不断增强脚力、眼力、脑力、笔力，推动我国文艺事业呈现出良好发展态势，文学、戏剧、电影、电视、音乐、舞蹈、美术、摄影、书法、曲艺、杂技、民间文艺、文艺评论等都取得了丰硕成果，弘扬了民族精神和时代精神，为实现国家富强、社会进步、人民幸福作出了十分重要的贡献。"④

在这里，习近平总书记肯定了新中国成立70年来，尤其是党的十八大以来广大文艺工作者所取得的丰硕成果和做出的突出贡献。这些丰硕成果的取得，与广大文艺工作者所坚持的以人民为中心的创作导向是密不可分的。那么，如何坚持以人民为中心的创作导向呢？那就需要广大文艺工作者不断深入生活、扎根人民，不断增强自己的本领，提升自身的素质和修养，"不断增强脚力、眼力、脑力、笔力"。增强脚力，就是说文艺工作者要自觉践行党的群众路线，多到群众中去，深入人民生活，做深入调查，深入访谈；增强眼力，就是说文艺工作者要细致观察，感受新时代人民生活的变化，面对复杂情况时要明辨是

---

① 习近平. 在文艺工作座谈会上的讲话[M]// 中共中央宣传部. 习近平总书记在文艺工作座谈会上的重要讲话学习读本. 北京：学习出版社，2015：16.
② 习近平. 在文艺工作座谈会上的讲话[M]// 中共中央宣传部. 习近平总书记在文艺工作座谈会上的重要讲话学习读本. 北京：学习出版社，2015：19.
③ 习近平. 在文艺工作座谈会上的讲话[M]// 中共中央宣传部. 习近平总书记在文艺工作座谈会上的重要讲话学习读本. 北京：学习出版社，2015：21.

④ 习近平. 习近平致中国文联中国作协成立70周年的贺信[R]. 中国政府网，https://www.gov.cn/xinwen/2019-07/16/content_5410076.htm.

非，抓住根本，增强判断力；增强脑力，就是说文艺工作者要勤于思考，守正创新；增强笔力，就是说文艺工作者要踏实努力，用笔记录新时代，书写新时代，多出优秀作品。习近平总书记为广大文艺工作者指明了艺术创作的前进方向。

2021年12月14日，习近平总书记《在中国文联十一大、中国作协十大开幕式上的讲话》中，再次强调了广大文艺工作者要坚守人民立场，书写生生不息的人民史诗。

习近平总书记在讲话中指出："源于人民、为了人民、属于人民，是社会主义文艺的根本立场，也是社会主义文艺繁荣发展的动力所在。广大文艺工作者要坚持以人民为中心的创作导向，把人民放在心中最高位置，把人民满意不满意作为检验艺术的最高标准，创作更多满足人民文化需求和增强人民精神力量的优秀作品，让文艺的百花园永远为人民绽放。人民是历史的创造者，也是时代的创造者。在人民的壮阔奋斗中，随处跃动着创造历史的火热篇章，汇聚起来就是一部人民的史诗。人民是文艺之母。文学艺术的成长离不开人民的滋养，人民中有着一切文学艺术取之不尽、用之不竭的丰沛源泉。文艺要对人民创造历史的伟大进程给予最热情的赞颂，对一切为中华民族伟大复兴奋斗的拼搏者、一切为人民牺牲奉献的英雄们给予最深情的褒扬。"[①]

这次讲话是习近平总书记对2014年《在文艺工作座谈会上的讲话》的进一步深化。2014年，习近平总书记在文艺工作座谈会上提出了文艺工作者要坚持以人民为中心的创作导向。2021年，习近平总书记《在中国文联十一大、中国作协十大开幕式上的讲话》进一步强调了文艺工作者要"把人民放在心中最高位置，把人民满意不满意作为检验艺术的最高标准"。在这里，习近平总书记明确指出了文艺创作中"人民"的至高无上的地位。近年来，一部分文艺工作者存在着以奖项、头衔、金钱等为目标的创作倾向，他们把专家、领导满意不满意作为检验自己艺术的最高标准，而不考虑人民群众是否满意。这种创作倾向是错误的，是远离人民的。习近平总书记《在中国文联十一大、中国作协十大开幕式上的讲话》一针见血地点出了这种创作倾向存在的问题，并为文艺创作者指明了方向：文艺创作者要坚持以人民为中心，把人民放在最高位置，把人民是否满意作为检验自己艺术成果的最高标准。习近平总书记指出"人民是文艺之母"，这个观点与毛泽东同志提出的人民生活是一切文学艺术作品的源泉的观点是一脉相承的。

习近平总书记《在中国文联十一大、中国作协十大开幕式上的讲话》还分析了广大文艺工作者应当如何坚持以人民为中心的创作立场。习近平总书记指出："人民是真实的、现实的、朴实的，不能用虚构的形象虚构人民，不能用调侃的态度调侃人民，更不能用丑化的笔触丑化人民。广大文艺工作者只有深入人民群众、了解人民的辛勤劳动、感知人民的喜怒哀乐，才能洞悉生活本质，才能把握时代脉动，才能领悟人民心声，才能使文艺创作具有深沉的力量和隽永的魅力。广大文艺工作者不仅要让人民成为作品的主角，而且要把自己的思想倾向和情感同人民融为一体，把心、情、思沉到人民之中，同人民一道感受时代的脉搏、生命的光彩，为时代和人民放歌。"[②]作为文艺工作者，不能歪曲、丑化或者虚

---

① 习近平. 在中国文联十一大、中国作协十大开幕式上的讲话[N]. 人民日报，2021–12–15.

② 习近平. 在中国文联十一大、中国作协十大开幕式上的讲话[N]. 人民日报，2021–12–15.

构人民形象，而要走进人民、深入人民、理解人民，书写人民创作历史的伟大历史进程。

在《中国共产党第二十次全国代表大会上的报告》中，习近平总书记再次提出坚持以人民为中心的创作导向。习近平总书记指出："坚持以人民为中心的创作导向，推出更多增强人民精神力量的优秀作品，培育造就大批德艺双馨的文学艺术家和规模宏大的文化文艺人才队伍。"①

3. 中国精神是社会主义文艺的灵魂

《在文艺工作座谈会上的讲话》中，习近平总书记提出了中国精神是社会主义文艺的灵魂的命题。在这里，中国精神主要包括爱国主义、中华美学精神、对真善美的追求等方面的内容。

1）爱国主义

爱国主义历来是文艺创作的重要主题，常写常新。例如，屈原的《离骚》、陆游的《示儿》、辛弃疾的《破阵子·为陈同甫赋壮词以寄之》、林则徐的《赴戍登程口占示家人二首》、文天祥的《过零丁洋》、谭嗣同《狱中题壁》、方志敏的《可爱的中国》、艾青《我爱这土地》等，这些爱国诗篇具有极强的艺术感染力和感召力，鼓舞着中华儿女团结奋进，历来为人民群众所喜爱，广泛传颂。爱国、爱家乡是广大文艺工作者的基本情怀。一代又一代的中华儿女为了祖国的繁荣富强而努力奋斗，甚至不惜献出自己的宝贵生命。中华文明之所以能够延续5000多年，离不开一代又一代爱国文艺工作者的努力创作。

爱国主义是社会主义核心价值观中最深层、最根本的内容，我们的社会主义文艺应当把爱国主义作为文艺创作的主旋律。习近平总书记指出："我们当代文艺更要把爱国主义作为文艺创作的主旋律，引导人民树立和坚持正确的历史观、民族观、国家观、文化观，增强做中国人的骨气和底气。"②

2）追求真善美

追求真善美，传递真善美，是社会主义文艺的重要价值追求。社会主义文艺必须真实反映人民群众的社会生活和价值追求，体现中华民族的传统美德和思想理念，展示中华审美元素和美学精神。习近平总书记指出："追求真善美是文艺的永恒价值。艺术的最高境界就是让人动心，让人们的灵魂经受洗礼，让人们发现自然的美、生活的美、心灵的美。"③广大文艺工作者要通过自己的文艺作品来传递真善美，引导民众不断增强道德荣誉感。

具体来说，文艺工作者应当增强文化自信，深入挖掘中华优秀传统文化，从中寻找创作灵感和文化资源。中华优秀传统文化是中华民族的精神命脉。"自强不息、敬业乐群、扶正扬善、扶危济困、见义勇为、孝老爱亲"④等中华民族独特的道德规范和"崇仁爱、重民本、守诚信、讲辩证、尚和合、求大同"⑤等思想理念以及"讲求托物言志、寓理于情，讲求言简意赅、凝练节制，

---

① 习近平.高举中国特色社会主义伟大旗帜 为全面建设社会主义现代化国家而团结奋斗：在中国共产党第二十次全国代表大会上的报告[R].中国政府网，https://www.gov.cn/xinwen/2022-10/25/content_5721685.htm.

② 习近平.在文艺工作座谈会上的讲话[M]// 中共中央宣传部.习近平总书记在文艺工作座谈会上的重要讲话学习读本.北京：学习出版社，2015：27.

③ 习近平.在文艺工作座谈会上的讲话[M]// 中共中央宣传部.习近平总书记在文艺工作座谈会上的重要讲话学习读本.北京：学习出版社，2015：27.

④ 习近平.在文艺工作座谈会上的讲话[M]// 中共中央宣传部.习近平总书记在文艺工作座谈会上的重要讲话学习读本.北京：学习出版社，2015：28-29.

⑤ 习近平.在文艺工作座谈会上的讲话[M]// 中共中央宣传部.习近平总书记在文艺工作座谈会上的重要讲话学习读本.北京：学习出版社，2015：28.

讲求形神兼备、意境深远，强调知、情、意、行相统一"①的中华美学精神都是社会主义文艺创作的重要资源。一些文艺工作者"以洋为美"，盲目效仿西方，走"去中国化""去历史化"的道路是完全行不通的。但是，我们传承中华优秀文化传统的同时，并不反对学习外国文学艺术，而是要辩证地进行取舍，吸收其中有益的元素为我所用，摒弃其中错误的、消极的元素。习近平总书记指出："只有坚持洋为中用、开拓创新，做到中西合璧、融会贯通，我国文艺才能更好发展繁荣起来。"②

4. 党对文艺工作的领导

党如何领导和指导文艺创作，也就是党和文艺的关系问题，是社会主义文艺的重要问题。习近平总书记《在文艺工作座谈会上的讲话》对如何加强和改进党对文艺工作的领导做了深刻的阐释。

习近平总书记指出："党的领导是社会主义文艺发展的根本保证。党的根本宗旨是全心全意为人民服务，文艺的根本宗旨也是为人民创作。把握了这个立足点，党和文艺的关系就能得到正确处理，就能准确把握党性和人民性的关系、政治立场和创作自由的关系。"③习近平总书记的这一论断准确揭示了党和文艺的内在关系。第一，党的领导是社会主义文艺发展的根本保证；第二，在为人民服务这个根本宗旨上，党和文艺的追求是一致的；第三，党和文艺的关系，具体表现在党性和人民性、政治立场和创作自由的关系问题上。

明确了党和文艺的内在关系之后，如何加强和改进党对文艺工作的领导呢？习近平总书记《在文艺工作座谈会上的讲话》指出："加强和改进党对文艺工作的领导，要把握住两条：一是要紧紧依靠广大文艺工作者，二是要尊重和遵循文艺规律。各级党委要从建设社会主义文化强国的高度，增强文化自觉和文化自信，把文艺工作纳入重要议事日程，贯彻好党的文艺方针政策，把握文艺发展正确方向。要选好配强文艺单位领导班子，把那些德才兼备、能同文艺工作者打成一片的干部放到文艺工作领导岗位上来。要尊重文艺工作者的创作个性和创造性劳动，政治上充分信任，创作上热情支持，营造有利于文艺创作的良好环境。要诚心诚意同文艺工作者交朋友，关心他们的工作和生活，倾听他们心声和心愿。要重视文艺阵地建设和管理，坚持守土有责，绝不给有害的文艺作品提供传播渠道。各级宣传文化部门要在党委领导下，切实加强对文艺工作的指导和扶持，加强对文艺工作者的引导和团结，为推动文艺繁荣发展作出积极贡献。文联、作协要充分发挥优势，加强行业服务、行业管理、行业自律，真正成为文艺工作者之家。"④近年来，随着我国经济发展和科技进步，人们的生产、生活都在经历着巨大的变化，文艺创作出现了许多新情况、新问题。面对这些新的文艺形态，我们应该怎么办呢？习近平总书记指出："对传统文艺创作生产和传播，我们有一套相对成熟的体制机

---

① 习近平.在文艺工作座谈会上的讲话[M]//中共中央宣传部.习近平总书记在文艺工作座谈会上的重要讲话学习读本.北京：学习出版社，2015：29.
② 习近平.在文艺工作座谈会上的讲话[M]//中共中央宣传部.习近平总书记在文艺工作座谈会上的重要讲话学习读本.北京：学习出版社，2015：29.
③ 习近平.在文艺工作座谈会上的讲话[M]//中共中央宣传部.习近平总书记在文艺工作座谈会上的重要讲话学习读本.北京：学习出版社，2015：31.
④ 习近平.在文艺工作座谈会上的讲话[M]//中共中央宣传部.习近平总书记在文艺工作座谈会上的重要讲话学习读本.北京：学习出版社，2015：31-32.

制和管理措施,而对新的文艺形态,我们还缺乏有效的管理方式方法。这方面,我们必须跟上节拍,下功夫研究解决。要通过深化改革、完善政策、健全体制,形成不断出精品、出人才的生动局面。"①

作为党和政府联系文学艺术界的重要纽带,中国文联、中国作协为繁荣和发展社会主义文艺事业应当怎样做呢？习近平总书记在《习近平致中国文联中国作协成立70周年的贺信》中明确指出了中国文联、中国作协以及广大文艺工作者的使命与责任。习近平总书记在贺信中指出:"中国文联、中国作协是党和政府联系文艺界的桥梁和纽带,在团结引领文艺工作者、繁荣发展社会主义文艺事业方面肩负重要职责。希望中国文联、中国作协深入学习贯彻新时代中国特色社会主义思想和党的十九大精神,自觉承担起举旗帜、聚民心、育新人、兴文化、展形象的使命任务,认真履行团结引导、联络协调、服务管理、自律维权的职能,团结带领广大文艺工作者记录新时代、书写新时代、讴歌新时代,努力创作出无愧于时代、无愧于人民、无愧于民族的优秀作品,为繁荣发展社会主义文艺事业、建设社会主义文化强国,为实现"两个一百年"奋斗目标、实现中华民族伟大复兴中国梦作出新的更大的贡献。"②

5. 文艺的社会效益与经济效益的统一

文艺与市场的关系问题是习近平总书记关于文艺的重要论述的重要组成部分。习近平总书记《在文艺工作座谈会上的讲话》中对文艺的社会效益与经济效益的关系问题进行了深刻分析。在他看来,在当前的社会主义市场经济环境中,一部好的文艺作品要经得起市场的检验,不能不考虑经济效益;但是文艺不能做市场的奴隶,文艺的社会效益是第一位的,经济效益是第二位的。一部好的文艺作品应当是经济效益与社会效益相统一的。

习近平总书记《在文艺工作座谈会上的讲话》指出:"一部好的作品,应该是经得起人民评价、专家评价、市场检验的作品,应该是把社会效益放在首位,同时也应该是社会效益和经济效益相统一的作品。在发展社会主义市场经济的条件下,许多文化产品要通过市场实现价值,当然不能完全不考虑经济效益。然而,同社会效益相比,经济效益是第二位的,当两个效益、两种价值发生矛盾时,经济效益要服从社会效益,市场价值要服从社会价值。文艺不能当市场的奴隶,不要沾满了铜臭气。优秀的文艺作品,最好是既能在思想上、艺术上取得成功,又能在市场上受到欢迎。要坚守文艺的审美理想、保持文艺的独立价值,合理设置反映市场接受程度的发行量、收视率、点击率、票房收入等量化指标,既不能忽视和否定这些指标,又不能把这些指标绝对化,被市场牵着鼻子走。"③

在《中国共产党第二十次全国代表大会上的报告》中,习近平总书记再次指出要把社会效益和经济效益统一起来。习近平总书记指出:"坚持把社会效益放在首位、社会效益和经济效益相统一,深化文化体制改革,完善文化经济

---

① 习近平. 在文艺工作座谈会上的讲话 [M]// 中共中央宣传部. 习近平总书记在文艺工作座谈会上的重要讲话学习读本. 北京: 学习出版社, 2015: 32.
② 习近平. 习近平致中国文联中国作协成立70周年的贺信 [R]. 中国政府网, https://www.gov.cn/xinwen/2019-07/16/content_5410076.htm.
③ 习近平. 在文艺工作座谈会上的讲话 [M]// 中共中央宣传部. 习近平总书记在文艺工作座谈会上的重要讲话学习读本. 北京: 学习出版社, 2015: 22-23.

政策。"①

6. 深刻把握时代复兴主题

文艺是时代的号角。习近平总书记《在中国文联十一大、中国作协十大开幕式上的讲话》中明确指出广大文艺工作者要深刻把握时代复兴主题，心系民族复兴伟业，描绘新时代新征程的恢宏气象。

习近平总书记在讲话中指出："新时代新征程是当代中国文艺的历史方位。广大文艺工作者要深刻把握民族复兴的时代主题，把人生追求、艺术生命同国家前途、民族命运、人民愿望紧密结合起来，以文弘业、以文培元、以文立心、以文铸魂，把文艺创造写到民族复兴的历史上、写在人民奋斗的征程中。"②

自1921年建党以来，中国共产党团结带领全国各族人民创造了波澜壮阔的伟大历史进程，实现了从站起来、富起来到强起来的伟大飞跃，书写了属于中华民族的伟大史诗。今天，我们比历史上任何一个时期都更加接近实现中华民族伟大复兴的目标。因此，努力实现中华民族伟大复兴是时代赋予中国人民的时代命题。在这样的时代背景下，广大文艺工作者应当把描绘新时代、书写人民奋斗历程作为自己的使命和职责。

那么，如何书写新时代、描绘新时代新征程的恢宏气象呢？习近平总书记在讲话中指出："广大文艺工作者要树立大历史观、大时代观，眼纳千江水、胸起百万兵，把握历史进程和时代大势，反映中华民族的千年巨变，揭示百年中国的人间正道，弘扬以爱国主义为核心的民族精神和以改革创新为核心的时代精神，弘扬伟大建党精神，唱响昂扬的时代主旋律。"③习近平总书记的这段讲话是有明确的针对性的。当前，一部分文学艺术工作者被金钱、名利、市场所左右，缺乏对国家、民族、人民等宏大叙事和时代主题的关注。广大文学艺术工作者，应当深刻把握时代复兴主题，把描绘新时代、描绘人民的伟大历史征程作为自己的使命和职责。

7. 坚持守正创新、多出精品力作

坚持守正创新、多出精品力作是习近平总书记《在中国文联十一大、中国作协十大开幕式上的讲话》中对广大文学艺术工作者提出的新要求。多出精品力作是文学艺术工作者的目标，要实现这个目标就要做到守正创新。

习近平总书记深刻分析了文艺创作中传承与创新的关系。所谓"守正"，守的是什么呢？习近平总书记在讲话中指出："博大精深的中华文明是中华民族独特的精神标识，是当代中国文艺的根基，也是文艺创新的宝藏。中国文化历来推崇'收百世之阙文，采千载之遗韵'。要挖掘中华优秀传统文化的思想观念、人文精神、道德规范，把艺术创造力和中华文化价值融合起来，把中华美学精神和当代审美追求结合起来，激活中华文化生命力。"④继承和发扬中华优秀传统文化是文艺创作的重要基石。在"守正"的基础上，还应当学古不泥古，勇于开拓创新。习近平总书记在讲话中指出："今天，各种艺术门类互融互通，各种表现形式交叉融合，互联网、大数

---

① 习近平. 高举中国特色社会主义伟大旗帜　为全面建设社会主义现代化国家而团结奋斗：在中国共产党第二十次全国代表大会上的报告[R]. 中国政府网，https://www.gov.cn/xinwen/2022-10/25/content_5721685.htm.
② 习近平. 在中国文联十一大、中国作协十大开幕式上的讲话[N]. 人民日报，2021-12-15.
③ 习近平. 在中国文联十一大、中国作协十大开幕式上的讲话[N]. 人民日报，2021-12-15.
④ 习近平. 在中国文联十一大、中国作协十大开幕式上的讲话[N]. 人民日报，2021-12-15.

据、人工智能等催生了文艺形式创新，拓宽了文艺空间。我们必须明白一个道理，一切创作技巧和手段都是为内容服务的。科技发展、技术革新可以带来新的艺术表达和渲染方式，但艺术的丰盈始终有赖于生活。要正确运用新的技术、新的手段，激发创意灵感、丰富文化内涵、表达思想情感，使文艺创作呈现更有内涵、更有潜力的新境界。"① 在这里，习近平总书记深刻地分析了文艺创作中形式创新与内容创新之间的关系。一切形式的创新都是为内容服务的，我们要正确利用技术创新手段，处理好守正创新的关系。习近平总书记关于文学艺术工作者要坚持守正创新的观点，与毛泽东同志批判地继承文学遗产的观点是一脉相承的，是对毛泽东文艺思想的进一步发展和深化。

8. 用情用力讲好中国故事

用情用力讲好中国故事，向全世界展现中国气派、中国风范，是新时代广大文学艺术工作者的重要任务。

习近平总书记《在中国文联十一大、中国作协十大开幕式上的讲话》中明确指出："希望广大文艺工作者用情用力讲好中国故事，向世界展现可信、可爱、可敬的中国形象。中国人民历来具有深厚的天下情怀，当代中国文艺要把目光投向世界、投向人类。广大文艺工作者要有信心和抱负，承百代之流，会当今之变，创作更多彰显中国审美旨趣、传播当代中国价值观念、反映全人类共同价值追求的优秀作品。"② 这是习近平总书记对当代文学艺术工作者的殷切希望。文艺具有民族性，越是民族的，就越是世界的。讲好中国故事与中国文化走出去有着极为密切的关系。文学、艺术作品是世界各国了解中国的重要窗口和途径。只有用情用力讲好中国故事，才能让中华优秀文化走出去，让世界了解中国形象、中国气派。一些西方国家对中国社会的理解存在着一些偏差，甚至是偏见。要消除这种偏差和偏见，就要讲好中国故事，积极同世界各国的文学家、艺术家开展交流，让他们深入了解中国形象。

如何讲好中国故事呢？习近平总书记在讲话中指出："广大文艺工作者要立足中国大地，讲好中国故事，以更为深邃的视野、更为博大的胸怀、更为自信的态度，择取最能代表中国变革和中国精神的题材，进行艺术表现，塑造更多为世界所认知的中华文化形象，努力展示一个生动立体的中国，为推动构建人类命运共同体谱写新篇章。"③

2021年12月25日，习近平总书记在《习近平给中国国家话剧院艺术家的回信》中，再次强调要用情用力讲好中国故事。习近平总书记在回信中指出："希望你们再接再厉，紧扣时代脉搏、坚守人民立场、坚持守正创新、用情用力讲好中国故事，创作出更多无愧于时代、无愧于人民的优秀作品，为新时代文艺事业繁荣发展、为丰富人民精神世界作出更大贡献。"④

9. 坚持弘扬正道，追求德艺双馨

党的十八大以来，习近平总书记多次谈到文学艺术工作者的个人修养问题。2014年，《在文艺工作座谈会上的讲话》中，习近平总书记指

---

① 习近平. 在中国文联十一大、中国作协十大开幕式上的讲话[N]. 人民日报，2021-12-15.
② 习近平. 在中国文联十一大、中国作协十大开幕式上的讲话[N]. 人民日报，2021-12-15.
③ 习近平. 在中国文联十一大、中国作协十大开幕式上的讲话[N]. 人民日报，2021-12-15.
④ 习近平. 习近平给中国国家话剧院艺术家的回信[R]. 中国政府网，https://www.gov.cn/xinwen/2021-12/25/content_5664565.htm.

出："文艺工作者要自觉坚守艺术理想，不断提高学养、涵养、修养，加强思想积累、知识储备、文化修养、艺术训练，努力做到'笼天地于形内，挫万物于笔端'。"①2021年12月14日，习近平总书记《在中国文联十一大、中国作协十大开幕式上的讲话》中再次谈到了文学艺术工作者的修养和人品问题。习近平总书记在讲话中指出："希望广大文艺工作者坚持弘扬正道，在追求德艺双馨中成就人生价值。'志高则言洁，志大则辞弘，志远则旨永。'文艺承担着成风化人的职责。广大文艺工作者要把个人的道德修养、社会形象与作品的社会效果统一起来，坚守艺术理想，追求德艺双馨，努力以高尚的操守和文质兼美的作品，为历史存正气、为世人弘美德、为自身留清名。"②

要做到德艺双馨，弘扬正道，就必须专心致志，久久为功，苦练本领，自觉抵御拜金主义、享乐主义，不做市场和资本的奴隶。另外，习近平总书记指出，文学艺术工作者的自身修养还与文艺行风的好坏有密切关系，文艺行风的好坏会影响整个文化领域乃至社会生活的生态。习近平总书记在讲话中说："要弘扬行风艺德，树立文艺界良好社会形象，营造自尊自爱、互学互鉴、天朗气清的行业风气。"③这是习近平总书记首次提出文艺行风的建设标准问题。

---

① 习近平. 在文艺工作座谈会上的讲话 [M]// 中共中央宣传部. 习近平总书记在文艺工作座谈会上的重要讲话学习读本. 北京：学习出版社，2015：13.
② 习近平. 在中国文联十一大、中国作协十大开幕式上的讲话 [N]. 人民日报，2021-12-15.
③ 习近平. 在中国文联十一大、中国作协十大开幕式上的讲话 [N]. 人民日报，2021-12-15.

参 考 文 献

[1] 马克思.1844年经济学哲学手稿[M]// 马克思恩格斯全集：第四十二卷.北京：人民出版社，1979.

[2] 马克思.詹姆斯·穆勒《政治经济学原理》一书摘要[M]// 马克思恩格斯全集：第四十二卷.人民出版社，1979.

[3] 马驰.马克思主义美学传播史[M].桂林：漓江出版社，2021.

[4] 马克思.资本论[M]// 马克思恩格斯全集：第二十三卷.北京：人民出版社，1972.

[5] 马克思.关于费尔巴哈的提纲[M]// 马克思恩格斯文集：第一卷.北京：人民出版社，2009.

[6] 路德维希.费尔巴哈.费尔巴哈哲学著作选集：下卷[M].荣震华，王太庆，刘磊，译.北京：商务印书馆，1984.

[7] 马克思.《政治经济学批判》序言[M]// 马克思恩格斯全集：第十三卷.北京：人民出版社，1962.

[8] 华兹华斯.《抒情歌谣集》一八〇〇年版序言[M]// 伍蠡甫.西方文论选：下卷.曹葆华，译.上海：上海译文出版社，1979.

[9] 孟庆枢.西方文论选[M].北京：高等教育出版社，2002.

[10]《艺术学概论》编写组.艺术学概论[M].北京：高等教育出版社，2019.

[11] 柏拉图.理想国[M].张莎，刘雪斐，苏焕，译.北京：中国纺织出版社有限公司，2020.

[12] 亚里士多德.诗学[M].罗念生，译.北京：人民文学出版社，2002.

[13] 黑格尔.美学：第一卷[M].朱光潜，译.北京：商务印书馆，2020.

[14] 恩格斯.致敏娜·考茨基[M]// 马克思恩格斯全集：第三十六卷.北京：人民出版社，1974.

[15] 康德.判断力批判：上卷[M].宗白华，译.北京：商务印书馆，2009.

[16] 恩格斯.恩格斯致斐迪南·拉萨尔[M]// 马克思恩格斯全集：第二十九卷.北京：人民出版社，1972.

[17] 吕德申.马克思主义文艺理论发展史[M].北京：高等教育出版社，1990.

[18] 马克思.英国资产阶级[M]// 马克思恩格斯全集：第十卷.北京：人民出版社，1962.

[19] 马克思，恩格斯.《新莱茵报·政治经济评论》第4期上发表的书评[M]// 马克思恩格斯全集：第七卷.北京：人民出版社，1959.

[20] 恩格斯. 恩格斯致马克思（1873年12月10日）[M]// 马克思恩格斯全集：第三十三卷. 北京：人民出版社，1973.

[21] 莎士比亚. 温莎的风流娘儿们[M]// 莎士比亚全集：第五卷. 朱生豪，等，译. 长春：时代文艺出版社，2017.

[22] 恩格斯. 致玛格丽特·哈克奈斯[M]// 马克思恩格斯全集：第三十七卷. 北京：人民出版社，1971.

[23] 马克思. 马克思致斐迪南·拉萨尔[M]// 马克思恩格斯全集：第二十九卷. 人民出版社，1972.

[24] 莎士比亚. 哈姆莱特[M]// 莎士比亚全集：第七卷. 朱生豪，等，译. 长春：时代文艺出版社，2017.

[25] 马克思，恩格斯. 马克思恩格斯论艺术：第4卷[M]. 曹葆华，等，译. 北京：人民文学出版社，1966.

[26] 韦虹，黄顺红. 从另一角度看《奥赛罗》[J]. 中国戏剧，2007（1）：63.

[27] 莎士比亚. 奥瑟罗[M]// 莎士比亚全集：第七卷. 朱生豪，等，译. 长春：时代文艺出版社，2017.

[28] 莎士比亚. 威尼斯商人[M]// 莎士比亚全集：第四卷. 朱生豪，等，译. 长春：时代文艺出版社，2017.

[29] 恩格斯. 致玛格丽特·哈克奈斯[M]// 马克思恩格斯全集：第三十七卷. 北京：人民出版社，1971.

[30]《马克思主义文艺理论》编写组. 马克思主义文艺理论[M]. 北京：高等教育出版社，2021年.

[31] 恩格斯. 英国工人阶级状况[M]// 马克思恩格斯文集：第一卷. 北京：人民出版社，2009.

[32] 习近平. 在中国文联十大、中国作协九大开幕式上的讲话[M]. 北京：人民出版社，2016.

[33] 恩格斯. 卡尔·格律恩《从人的观点论歌德》[M]// 马克思恩格斯全集：第四卷. 北京：人民出版社，1958.

[34] 李志雄. 马克思主义文艺理论[M]. 上海：上海人民出版社，2021.

[35] 卢铁澎. "美学观点和历史观点"探源[J]. 首都师范大学学报（社会科学版），1997（3）：97.

[36] 陆贵山，周忠厚. 马克思主义文艺论著选讲[M].4版. 北京：中国人民大学出版社，2007.

[37] 列宁. 列夫·托尔斯泰是俄国革命的镜子[M]// 中共中央马克思恩格斯列宁斯大林著作编译局. 列宁选集：第2卷. 北京：人民出版社，1995.

[38] 毛泽东. 毛泽东选集：第三卷[M]. 北京：人民出版社，1991.

[39] 中共中央宣传部. 习近平总书记在文艺工作座谈会上的重要讲话学习读本[M]. 北京：学习出版社，2015.

[40] 李衍柱. 马克思主义文艺理论在中国[M]. 济南：山东文艺出版社，1990.

[41] 毛泽东. 毛泽东选集：第二卷[M]. 北京：人民出版社，1991.

[42] 中共中央文献研究室. 毛泽东文集：第7卷[M]. 北京：人民出版社，1999.

[43] 何雁. 中国特色社会主义文艺理论发展的三个阶段[J]. 学习与探索，2010（1）：180.

［44］邓小平著. 中央宣传部文艺局编. 邓小平论文艺[M]. 北京：人民文学出版社，2002.

［45］江泽民. 江泽民文选：第一卷[M]. 北京：人民出版社，2006.

［46］江泽民. 在全国宣传思想工作会议上的讲话[N]. 人民日报，1994-3-7.

［47］江泽民. 江泽民文选：第二卷[M]. 北京：人民出版社，2006.

［48］胡锦涛. 在中国文联第八次全国代表大会、中国作协第七次全国代表大会上的讲话[N]. 文艺报，2006-11-11.

［49］习近平. 高举中国特色社会主义伟大旗帜　为全面建设社会主义现代化国家而团结奋斗：在中国共产党第二十次全国代表大会上的报告[R]. 中国政府网.

后 记

对于艺术院校的大学生来说，学习马克思主义文艺理论具有十分重要的价值和意义。马克思主义文艺理论能够指导学生更好地进行艺术创作、艺术批评，帮助学生树立正确的文艺观，为学生提供研究文艺现象的新视角和新方法。

为了全面提高教学质量，为社会培养高素质艺术设计人才，推进艺术院校公共艺术通识教育改革创新，我们编写了这本《马克思主义文艺观通论》。希望同学们能够通过这本教材，系统了解马克思主义文艺理论。

在教材即将付梓之际，由衷感谢清华大学出版社编审团队，你们严谨认真的工作态度令人感动。感谢山东工艺美术学院校领导以及教务处、资产管理处、财务处、人文艺术学院等部门同仁对本教材的大力支持和帮助。

书中难免会有疏漏和不足，恳请各位专家、读者朋友批评指正，不吝赐教。

编者
2024 年 10 月

教师服务

感谢您选用清华大学出版社的教材！为了更好地服务教学，我们为授课教师提供本书的教学辅助资源。请您扫码获取。

 教辅获取

本书教辅资源，授课教师扫码获取

建议教学大纲

课后习题及参考答案

考试题目与评分标准

配套 PPT 课件

 清华大学出版社

E-mail: tupfuwu@163.com
电话：010-83470317
地址：北京市海淀区双清路学研大厦 B 座 508

网址：http://www.tup.com.cn/
传真：8610-83470107
邮编：100084